Wisdom for the
New
Millennium

十週年紀念新版

新世紀意識的覺醒

Sri Sri Ravi Shankar
詩麗·詩麗·若威香卡——著
周家麒——譯

目次

作者簡介

詩麗．詩麗．若威香卡

人道主義領袖、精神導師與和平使者

他提出免於壓力和暴力的社會願景，

凝結了全世界數千萬人，

共同參與「生活的藝術」提供的服務計劃與課程。

緣起

一九五六年誕生於南印度的詩麗・詩麗・若威香卡，從小天賦異稟，四歲便能背誦印度古老的梵文經典《薄伽梵歌》，並經常處於甚深的冥想之中。詩麗・詩麗的啟蒙老師是與聖雄甘地有長久淵源的蘇達卡・夏徒威迪（Sudhakar Chaturvedi）。一九七三年，十七歲的古儒德夫獲得了吠陀文學與物理學兩個學士學位。

生活的藝術The Art Of Living與國際人性價值協會International Association for the Human Value（IAHV）

詩麗・詩麗・若威香卡創立的「生活的藝術」是一個非營利性的教育與人道國際組織。生活的藝術提供的自我發展教育課程，是消除壓力與提升幸福感的利器。這種修習法不只吸引了特定的族群，它的效果也獲得了世界各地與社會各階層人士的證實。生活的藝術課程目前已在全世界一百五十五個國家普遍施行。除了創立國際生活的藝術基金會（The Art of Living Foundation），詩麗・詩麗並於一九九七年於瑞士日內瓦創立生活的藝術姐妹組織——「國際人性價值協會」（International Association of Human Value, IAHV），以永續發展、培養人類價值與解決衝突為宗旨，服務全人類。

啓發服務與全球化的智慧

詩麗・詩麗・若威香卡以舉世知名的人道主義領袖身分，提供協助給來自廣泛背景的人們，其中包括自然災害的受難者、恐怖攻擊與戰爭的倖存者、邊緣族群的孩童以及陷於衝突的社區。他傳達的訊息夾著劇力萬鈞之勢，透過龐大的義工組織，在全世界掀起一股以靈性為基礎的服務浪潮，不遺餘力地把計劃推向全球的關鍵地區。

詩麗・詩麗・若威香卡以一位精神導師的身分，重振印度的瑜珈與靜坐傳統，以二十一世紀生活息息相關的形式展現。除了復興古代的智慧之外，詩麗・詩麗也創造了轉化個人與社會的新技巧，其中包括淨化呼吸法。淨化呼吸法曾幫助數千萬人釋放壓力，並在日常生活中找到內在能量與靜默的源頭。

和平使者

詩麗・詩麗・若威香卡以和平使者的身分，透過公共論壇與集會，分享他的非暴力願景，在解決世界衝突中扮演了關鍵性的角色。他被視為以和平為懷的中立角色，對活在衝突中的人們來說，他是一個希望的象徵。他化解哥倫比亞、伊拉克、象牙海岸、喀什米爾邦與比哈爾邦內部的衝突與戰爭，贏得了舉世的殊榮。詩麗・詩麗透過各種活動與演說，一以貫之地強調人性價值與世界一家的理念。他達致永續和平的重要工作，以提倡宗教和諧、多元文化教育，做為對治宗教狂熱主義的良方。

詩麗・詩麗透過喚醒人性價值與服務精神，觸動了世界數百萬人的生命。他提倡超越種族、國籍與宗教的侷限，重新點燃世界一家的訊息：一個免於壓力與暴力的美好世界。

譯者簡介

周家麒

政治大學外文系、淡江大學美國研究所畢業，專業翻譯三十多年，包括書籍、文件、影片（電影、紀錄片、電視影集、專業影片等五千部以上）等之中英對譯、口譯、出版社編輯審稿等。

翻譯作品有《美國外交政策之過去、現在與未來》、《開創愛的道路》、《耶穌、佛陀如是說》、《佛陀會怎麼做》、《新世紀意識的覺醒》、《鑽石切割師》、《竄改的基因、扭曲的真相》等書。

以及電影、影集與紀錄片：《貓王》、《披頭四》、《辛普森家庭》、《邁阿密風雲》、《勇士們》、《還不到絕望》。

新版序

生命是一場非常奧秘的旅程

于小惠

生命是一場非常奧秘的旅程，在我很年輕的時候，我經常問自己，這就是生命嗎？我們來這個世界到底是為了什麼？就是為了這樣嗎？為了我們手上做的這些事嗎？當我看到電視新聞上不斷的有災難，有憂鬱症的人，有自殺的人，甚至有剛生下孩子就抱著孩子跳樓的人，我不禁很好奇，為什麼？人類為什麼有這麼多的痛苦，有這麼多的難解的習題，那麼多的不快樂，然後我為什麼坐在這裡，當那麼多的人有難有苦的時候，我們除了坐在家裡看新聞，不勝唏噓，我們還能做什麼？

然後有天我也生了孩子，在我二十五歲的那一年，我有愛我的丈夫跟健康的身體，美好的年華，但是我著著實實地得了一場憂鬱症，整整三年。我曾經在家的馬路邊，無法走過一個馬路口而哭泣，打著公用電話讓我的丈夫來家門口的電話亭接我，告訴他我再也走不過去了。

於是我開始走上了修行的道路，因為我已經吃了太多的藥物，所有的藥物都只是讓你變得昏睡跟遲鈍，減少痛苦的感受，更多的變性式的刺激，然後又再度歸於痛苦。

我開始逐漸明白，我們所理解的我們的生命，只是百分之五，整個長長的人生，我們也許費盡一生所有的努力，也只瞭解了生命的百分五。我們出生，我們認識父母，然後在父母的眼中認識自己。我們上學，學習一切的知識，我們競爭，學會在大千世界裡生存，佔有一席之地，然後我們跟我們的父母一樣再結婚·生子，週而復始，做著一樣的事情，重複著相似的生命模式，然後我們死去。我們整個長長的人生，幾乎活在恐懼跟痛苦，或著社會所給的規範，制約跟教條裡。

我們，到底為什麼來到這個世界？

如果我們來到這個世界，只是為了重複這些大家都可以知道的事情，會不會太無趣？

直到我認識了古儒吉（詩麗・詩麗・若威香卡）。

我認認真真的開始走上了這條道路，從淨化呼吸法，到古儒吉的給出的每一個知識，我開始真正的瞭解生命。

我看過了他的每一本書，幾乎聽過了他所有的知識，我獲得了所有我想要的答案，當然我也還有許多疑問，然後我還在這條道路上，繼續獲得我想要的答案，但是我不再是生命的迷途羔羊。我知道我為什麼來，我要往哪裡去，即便這一切都還在路上。

我好希望全世界的人都能來做淨化呼吸法，都能來看古儒吉的書，尤其是孩子，父母，老師，教育者，我常常想，如果我有一間學校，除了教大家這個地球上需要用的知識與技能，我最想要教孩子們的是，我們為什麼而來，我們如何出生，如何面對世界，如何去愛，最後如何死亡，在我認為，這才是一個生命最重要的事，我相信我們是為了愛而來，然而宇宙間最大的力量即是愛。在我生命中每每遇到難關，和過不去的那個當下，都是愛，幫助我順利走到現在，而古儒吉，是一個完美的上師，他是一個愛的化身和存在，像一顆永恆存在的星星，永遠都在。

然而，新世紀意識的覺醒這本書，我想就是生命的入門書了，在這本書裡，我們可以開始看見到生命是如何形成，存在的每一個面向，究竟在為我們展示些什麼，他簡單而且實用，就像一本生命使用手冊，沒有高深的文字，輕鬆地能夠讓你滑進古儒吉所說的世界裡，然後更深的去探索，更多的奧秘。

然後，醒過來。

醒過來，我們不是存粹為了戀愛結婚生子，求取功名，不落人後，賺取財富來到這個世界。我們當然可以擁有我們想要的一切，但生命，真的不僅僅是這一切，他還有很多很多，非常多非常多，超級多超級多，的什麼呢？

那個秘密，沒法說，只能自己去探索。

但願這本書，能帶給您真正的平靜，富足和喜樂，我誠心推薦。

寫在聖母節，大勝利的第十天　JGD

本文作者為《深夜食堂》、《痞子英雄》、《白色巨塔》製片人，名揚四海金鐘獎編劇

新版序

新世紀意識的覺醒

蔡秀麗

這本書其實是早在千禧年到來之前就已經出版，回想與此書結緣，是我首次飛往德國黑森林生活的藝術靜心所，參加為期一週的靜語及靜心的課程。當時，是我加入生活的藝術，練習呼吸靜坐瑜珈二年之後，心中非常渴望閱讀更多的古儒吉上師的知識。所以就在德國的靜心所就巧遇了。

《新世紀意識覺醒》這本書，當時只有英文版，但是一翻開到書中的內容就深深的被吸引，慶幸當時在一個未知的新世紀開始之前，就能得到開悟聖者的指引，讓我們透過上師的知識穿越千禧年的不確定性。現在這本書不但有了中文版，還即將會有第三刷。

再回頭看，二十一世紀已經過了將近五分之一，千禧年後，這個世界經歷了這麼多的變化，過去這十多年來，世界混亂到失序，數位經濟的泡沫化，生活網路化，對極端氣候的擔憂，政治的動盪，每個人心中都充滿著不確定與不安全感。書中所教導的智慧非常實用，恆久不變，書中對人生的重大議題，無論是宗教，死亡，業力與愛。都有淺顯易懂的文字，讓人瞬間理悟人生，同時讓我們有多一些智慧去理解與接受生命中的挑戰。而明瞭最終與最深的源頭都是愛！當你百分百相信你是被宇宙的愛所看護著，我們將有無比的勇氣去接受生命中所有的安排。我們也將擁有小孩子般的赤子之心，開心無懼的活在每一個當下，探索及體驗生命。我們會徹底從庸碌的生活中醒過來，有意識的活在每個當下。當我們真正醒過來，你就會發現這個世界的真善美。

我自己從事數位行銷高速及高壓的行業，面對不斷湧入的新知，是是而非的網路資訊，焦慮的客戶，壓力下的同儕，無方向感的年輕同仁。幸運的我，多年來運用古儒吉所傳授的淨化呼吸法及靜坐，讓我在紛亂中穩定自己的心智。加上閱讀吸收上師的知識提升自我的意識與視野，所以一路走來總能得心應手，業績蒸蒸日上，創新不斷，同仁開心。我期許自己是周遭安定力量的來源，也希望大家一起為世界帶來更多愛與希望。推薦大家閱讀此書為自己開啟一扇門，讓光進來讓生命充滿智慧與光彩。

本文作者為安布思沛行銷公司董事總經理，輔仁大學廣告系助理教授及外貿協會培訓中心顧問

靈性的改革

宋瑞珍

我曾經學過淨化呼吸法，也一直運用課程中所教授的要領，我覺得對身體和心靈的追求很有助益。這本書是應用哲學的觀點，來勸說靈性的改革，其中也應用到心理學，希望讀者有宏偉的人生觀，並瞭解淨化呼吸法的用意。

綜觀人類在地球的歷史，一直是個人野心及恩怨、社會競爭及排斥、國家糾紛及衝突，導致第一次及第二次世界大戰，現在則逐漸走向第三次世界大戰。例如二〇〇一年的九一一事件只是種族宗教紛爭問題所呈現冰山的一角，卻為人類帶來極大的災難。感謝聯合國及前美國副總統高爾的遠見，指出世界已遭文明進展的破壞，地球暖化將不適合人類居住，即使沒有戰爭，也將自行毀滅，除非我們現在立即改善，克服環保問題。因此本書出書的目的，在於提出一個很重要的觀點，就是人活在這個世界上的意義，事實上是超越個人、性別、宗教、國家和其他很多人為的限制，並有改善及保護整個人類生存及地球存在的責任。

為了達到這個目標，人必須相信神的存在（to know and to believe），並繼續追求與神溝通的管道，自然就會愛自己、愛別人（to love），並為別人服務（to serve）。生而為人「生不帶來死不帶去」，有多餘的金錢及物質，就應「奉獻」及幫助他人，所謂「施比受有福」，自己會更快樂。有積極正面的人生觀，就不易憤怒、忌妒及傷害別人，也不易陷於憂鬱悲觀的情緒及產生自殺的念頭。

淨化呼吸法是一種很獨特的呼吸技術，可達到積極正面的靈性培養。我們以收音機來做比喻，收音機可以接收電波傳送訊息，如果換成一個玻璃杯，就沒有那種作用。人類生來即與其他動植物有不同之處，自古以來，各民族皆相信有神並找尋與神溝通的管道。藉由呼吸法，不管有無配合自己喜愛的音樂，皆可達靜心的狀態。在專心之中禱告，即可與神溝通。當然首先是要「相信」及「虔誠」，才能有所感覺。沉浸在音樂中，與神溝通，然後能擴大心胸，了解人生的意義。再者，從醫學的角度來看，深呼吸本身有其生理上的意義，可充分利用肺活量及體內循環，而其他附加的價值如情緒的穩定及免疫力增強等，則有待科學的後續證明。

書中可爭議之處，為對聖經章節的詮釋、耶穌生平的評論以及「生死和輪迴」的論述。然而無論如何，不管是基督教、猶太教、回教或佛教等各宗教，其內含也許不盡相同，終極目標卻都是「愛」和「和平」。因此，應該受到同等的尊重。

總之，新的廿一世紀，每個人皆應有世界觀的思維，對整個世界負起責任。和平相愛、保護環境、互相幫助、解決問題，讓下一代能永續生存，這個思維可以排除個人負面的情緒，不致患得患失，並以開闊的心胸，做一個「世界公民」。這種觀念應由小學即開始培養，並列入中學及大學的通識教育課程之內，則實為人類之大幸！

本文作者為前成功大學醫學院院長、現職中央大學生科系講座教授、史丹佛大學名譽教授

重編健康網

周進華

一九八六年印度總統頒賜「瑜伽至高無上師」榮銜予古儒吉大師，因為他從一九八二年起創辦了「生活的藝術基金會」，在印度等一百四十四個國家永續推動「淨化呼吸法」，協助全球兩千三百多萬人找到了健康、自力更生。

在網路時代，坐在電腦前，可以透過網路讀電子報、搜尋資訊、購物、聊天、遊戲、傳送即時訊息、透過視訊看到對方……網路的確給人帶來許多方便，但網路也可以讓人過著「繭居生活」。在臥室裡，即可解決生活所需，無須與人直接接觸，這固然減少人際間的衝突，但人與人卻越冷漠、疏離，生命也就不再有分享與交流，而健康即刻亮起了紅燈。

還好，在人類健康亮起紅燈的當下，印度古儒吉大師挺身而出，創辦「生活的藝術基金會」，推動「淨化呼吸法」，提倡「意識的治癒力」，編織生命網，重編健康網，讓愛轉動世界。不論是生命，還是健康，都是一張交織著「你、我、他」的網，這個網路的形成是歷經艱辛的！而每個網路的環結都具有關鍵性，沒有單一的線可以單獨運作，唯有與其他線路緊密相連，才能產生力量，共同完成「天、地、人」和諧共生的大網，共同去圓「希望、健康、愛」的大夢。

由是，「希望、健康、愛」的大夢等待我們去圓，在生命的激流裡，亙古常新的愛是天、地、人所交織的網；問天？虛心受教，問地？天鍾地愛，問人？溫柔相待。但願大家人手一冊《新世紀意識的覺醒》，大家一定能讀出印度古儒吉大師「十字架慈悲的愛」，大家都會看到他「永恆的邀約」，呼籲大家共同編織生命的網、健康的網、希望的網、愛的網……大家一起走上圓夢的希望、健康、愛的旅程。

寫於二〇〇八年四月七日凌晨二時十分愛子周天觀十歲生日暨「讓台灣的愛傳出去

——周大觀文教基金會送愛到美國系列公益活動」前夕

本文作者為周大觀文教基金會創辦人

重生的靈糧

比莉

二〇〇七年七月，我動了人生中最大的一次手術，原本以為兩小時就可以結束了，但我從早上九點進手術房，一直到下午四、五點才出來，從此，我的世界變了。一直以來，我都堅信不管發生什麼事，我都能樂觀、堅強地面對；離了兩次婚，沒有拿到任何贍養費或教育費，我還是堅強地帶著三個孩子邊流淚邊工作，即使是後來在人生最低潮時，被偽善的朋友騙光了所有的積蓄，愛孩子的我一樣勇往直前，因為我沒有人可依賴。可是，老天一直在考驗我，深夜裡，我時常一個人邊哭邊看劇本，一早五點多又打起精神趕著去拍戲，就這樣日以繼夜不停地工作，一有空，我就飛到美國去看孩子，忙碌的生活永遠沒有停過。

突然有一天半夜，我肚子痛到不停地打滾，我一個人孤單地去掛急診、照X光、抽血、打止痛劑、照胃鏡、大腸鏡等，該做的檢查全都做了，但在後來的一年半之間，我又陸陸續續掛了二十幾次急診，一直到一次徹底的檢查之後才知道，我的小腸有問題。後來女兒從美國回來陪我開刀，我以為開完刀就沒事了，可是在住院的十天當中，我從走路到呼吸都無法像以前一樣，不認輸的我還是努力地要自己堅強。後來，我去看報告了，從醫生口中得知是淋巴癌時，我哭到無法走出醫院，從此之後，我只有悲傷、無奈、哭泣，我更慌了，天啊！我不敢面對，孩子們該怎麼辦？

這時，許多老朋友從世界各地不斷打電話、送花、送書來為我加油，藝人朋友們更是每天到家裡來慰問我，給我鼓勵、打氣，讓我好感動，更非常感恩惜福！多年不見的老朋友Julie（她已學習淨化呼吸法多年）也是不厭其煩地打電話給我，甚至直接到我家來找我，她不停地勸我要學呼吸。學呼吸？呼吸還要學嗎？不呼吸不就沒氣了嗎？人可以整天不吃飯、不喝水，可是可以幾天不呼吸呢？可見呼吸有多重要！

在我去做化療的當天，我接到Julie的電話，她說陳靜香老師要開課，問我要不要一同去參加。我只花了五分鐘就決定了，當場打包就走！那天全台灣正籠罩在強烈颱風中，外面雷雨交加，狂風暴雨，好像置身於武俠片中的我靜心盤坐。我花了整整三天的時間重新學會呼吸，呼吸讓我重燃希望，原來我可以靠自己平靜下來，原來我可以不慌不忙地去面對事實。很快地，我在兩個月內又去了印度的基金會中心，幾千個來自世界各地的朋友全都聚在那個像蛋糕的蓮花座塔中；我每天爬著小山坡，上上下下好幾次，三餐只吃咖哩汁、一點飯、一點餅、一根香蕉，從不敢吃到津津有味。我的能量一直在增加，每天不斷地呼吸讓我一直排毒，連便秘、脹氣都消失了。最妙的是我每天還洗冷水澡呢！從第一天就嚷著要回家，喊著「好髒！好亂！」的我，最後居然待了兩個星期。

當我第一次見到古儒吉大師時，我遠遠地就感受到他的祝福和能量，我不會忘記他問我們的第一句話：Are you happy?你快樂嗎?在中心的那段期間，我禁語四天，但竟然還想偷接手機，真是又愚蠢又好笑；當我有疑問的時候，我問別人，但沒人理我，我很生氣，後來只好跟自己說話，這才發現，我這輩子居然從未真正跟自己對話，好好地聆聽自己內在的聲音。

我原本是一個藉由購物來尋求快樂的人，但現在對我來說，內心的平靜、身體的放鬆才是最重要的。感謝古儒吉大師的恩典，感謝所有關心我的人，希望大家也能藉由淨化呼吸法來把負面的情緒排掉，真正地去愛自己的身體。感恩古儒吉大師的慈悲，希望我們都能像他一樣把小愛變大愛。

本文作者為知名藝人

聯合國五十週年慶致詞

詩麗・詩麗・若威香卡

很高興今天有機會與大家共聚一堂，共同思索挽回人類價值的方法和途徑。我認為世界當今的危機在於認同：個人認同於自己的職業、宗教、種族、文化、國籍、語言、地域和性別。一般人通常是先有了這些認同之後，才會認同自己是一個人類。限制性的認同導致戰爭，我們需要透過教育，改變我們的基本認同。我們先是神的一部分，接著才是人類的一部分，這個改變只有透過正確的靈性知識才會發生。

我想把「宗教」和「靈性」做一個清楚的分辨：宗教是香蕉皮，靈性是香蕉；每一種宗教都包含三個層面：價值、象徵和習俗。所有宗教的價值都相同，但是象徵和習俗卻懸殊各異。今天我們已經忘記了價值，而只執著在象徵和習俗上。只有靈性能夠長養人類的價值，它可以袪除挫折，帶來生命的滿足和快樂。

正確的教育可以在個人身上創造一個與世界一體的歸屬感，一個人在正確的教育下，學會擁抱所有的宗教，並且在不貶抑其他宗教的情況下選擇其中的一種，同一個家庭的成員可以信仰一個以上的宗教。我們應該把它視為二十一世紀的一項策略。

在這個科技日新月異的時代，我們甚少關心人們的情緒和靈性的需求，家庭和學校都沒有教導我們如何釋放負面的情緒，家庭和學校都沒有讓我們學會處理個人心靈的方法。

呼吸技巧、呼吸法、靜心和瑜伽可以釋放張力和負面的情緒，幫助個人活在當下。人若不是為了過去和未來擔心，就是卡在負面情緒裡，只有靈修能幫助人擺脫負面情緒，活在當下。當祈禱與靜默結合的時候，就能把我們與內心深處無限的力量之源連繫起來。

一個免於壓力的心靈和一個免於疾病的身體，是每一個人的天賦之權。我們可以在這一次的八月大會中擬訂並且執行一個計畫，把靈性的知識引進包括小學、中學、大學和復健中心在內的每一個層面。只有如此，我們才能減少環境中的危機和疾病。

由於缺乏適當的靈性教育以及對世界所有宗教的全面性了解，宗教狂熱已經在每一個宗教裡生根。二十一世紀的人們需要一個沒有教條、卻有全面性了解的靈修。

現在是我們朝著這個目標努力的時候了，人類的進化有兩個階段：第一個階段是從某某人到平凡人，第二個階段是從平凡人到眾生一體。這一個知識可以把分享和關懷帶到全世界。

導言

詹姆士・拉森James Larsen

我們在正規教育中教導很多事物，我們學習讀和寫，我們學習科學、數學、地理和歷史，有的人潛心於音樂或藝術的領域中。不幸的是，我們一直沒有教導最根本的知識：如何管理個人的心靈和情緒，以發展並享受人類生命的全部，這才是決定個人生命品質最有價值的知識。

孩童沒有累積大量的壓力，他們的生命展現出豐富的能量、熱情、深沉的喜悅和無條件的愛。這些在純真的孩子身上自發地顯化出來的品質，展現了人性最真誠、最無染的精髓。我們都是在愛和喜悅中誕生的，這些品質不只是情緒，它們是我們存在的本質，存在的本質無法改變，它只能被我們遮蔽或者隱藏起來。

壓力隨著年齡的增長，以毒素和負面情緒的性質累積在我們的心靈裡。壓力的影響和我們處理壓力的各種方式，導致了健康的減低以及不健康的心理、情緒慣性模式的強化。我們的壓力越大，恐懼和忿怒的負面情緒越會有意識或無意識地影響著我們的生命。

我們本來具有的愛與喜悅的泉源遭到經驗的阻擋，我們的心靈被吸引到只能提供有限與短暫喜悅的歧路，我們的關注力也會習慣性地集中在過去和未來，而缺少了對當下這一刻的關注。心靈經常陷在對過去事件的追悔和對未來事件的擔憂之中。心靈榮耀過去，並且不斷地計劃著未來的快樂，卻從未體會到這麼做反而阻擋了現在的快樂。

觀察自己心靈，你會發現自己完全處於當下這一刻的程度有多少。處於當下並不意味著只關注周遭發生的事件，也要覺知內在發生的事情。它的意思是要我們跟自己的感情連繫，並且以真誠互動。我們經常在沒有感受的情況下表達自己的感情，我們經常在沒有感情的情況下，信口說出「我愛你！」或者「認識你很榮幸！」這樣的話來。我們經常口裡說一件事，心裡卻想著別的事，當別人跟我們說話的時候，我們忙著想自己下一句該說什麼，而沒有聆聽對方在說些什麼。當我們完全地處於當下的時候，我們可以經驗到這麼多的喜悅、愛、親密和感恩，然而我們的心靈卻受到了相反的制約。

文化的影響更進一步地制約著我們，讓我們往外界尋找快樂或愛，或者把自己的忿怒、嫉妒或其他負面情緒歸罪於外界。由於真正的圓滿實現無法在我們自身之外尋找，持續地把注意力擺在外界，勢必把我們導入追逐欲望的無止境循環之中。

人們經常抱著一個希望，認為當一件事情成就之後，某種快樂的狀態就可以在未來來到；心靈繼續想著：「當我擁有那個之後，我就會快樂。」年輕人認為當他們脫離父母之後，就會快樂，單身者認為找到合適的伴侶之後，他們就會快樂，已婚者認為，他們的伴侶做一些改變的話，他們就會快樂，其他人則認為只要他們擁有更多金錢、名聲、更好的工作和房子，當他們退休的時候，他們就會更快樂。我們不斷地把快樂推到未來，可是快樂只能在現在經驗到，不是在未來。

一個欲望獲得滿足的時候，我們也許會有一時的快樂，可是當另一個欲望來的時候，我們又要開始尋找未來了。無論我們在世界上能夠獲得什麼樣的成功、名聲或關係，一份持久的、深沉的滿足感卻不會來。許多人只是接受現狀，然而生命的目的卻依然在不明確的情況下，被導向膚淺的回報，或者被我們視為遙不可及。

問題在於，我們的心靈想要的是無限的喜悅和愛，而世間所有的事物只能提供短暫的、有限的喜悅。這不表示我們不該有任何欲望，我們需要打破在未來尋找快樂的習慣，並且對目前已經擁有的感到快樂。

社會風氣一直被一個向外尋求更多舒適的觀念所主導，個人內在世界的發展被犧牲掉了。在短短幾個世代之間，我們的文明已經帶來了驚人的科技、不可思議的富足和自由。可是這一切並沒有幫助人們更快樂地活在愛裡，生活的步調和壓力隨著科技的進步而增加，也創造出更多的張力和緊張。

表面上，我們的生活的確比過去好，可是在表象之下，我們卻聽到數以千萬計的人需要依賴抗憂鬱藥物過活，與壓力有關的疾病像瘟疫一樣蔓延，絕大多數的人口都依賴咖啡因或酒精之類的刺激品，或者依賴一些少用的或違禁的藥品。

社會把這些發展視為正常，因為我們沒有提供如何消除壓力、敞開心靈和擴展意識的知識給人們應用。多數人不尋求由這些限制中成長出來的方法，卻只尋找新的適應方式，並安於有限的快樂，他們不要活在本具的深沉喜悅和愛裡。

如果我們對心靈和情緒的運作有更多的了解，並且定期地撥出時間安住在心靈的深處，我們就不需要那些五花八門的仰賴物了。現在是我們把注意力內導，並且探索如何開發內在潛力的時候了。

首先，我們需要關注靈性的需求，靈修的基礎就是更明白自己。靈修不是沉思一些不實際的事物，它是讓我們認知到靈性才是世間萬物的根基，靈修不是為了追求超俗的經驗，它是要我們感覺個人與眾生萬物之間的親密連繫。

終究而言，生命中的喜悅和愛並不決定於你擁有些什麼，它決定於你對自己了解的程度，以及袪除障礙經驗真如本性的程度，也就是說，你經驗到自己內在那份赤子之心的程度。這並不是說我們要表現出小孩子一樣的行為，我們要把一個成熟者的智慧和明白，與內在孩童所經驗到的喜悅和愛的泉源連繫起來。我們需要的其實都是我們已經有的，只要把障礙清除，讓它發光就好。

了解心靈的傾向以及主導心靈運作的法則，有助於我們釋放心靈慣性模式的掌控。了解負面情緒是什麼以及出現的原因，可以幫助我們不至於迷失在裡面。知識可以幫助我們認知發生些什麼，並且把心靈帶回當下這一刻，知道你不只是這個心靈、這些思想、這些情緒，會給你的內在帶來意識的擴展。可是企圖使用心靈來改變心靈，卻有它天生的侷限。喜悅和愛並不是我們可以適應的情緒，喜悅和愛超越情緒，超越心靈的核心和本質。

獲取知識固然重要，不過它必須與健康的生活型態以及身心的實修並行，如此才能清除造成壓力的根源。即使是最偉大的心理學家，如果他充滿了壓力，那麼他在面對情緒風暴的時候，就無法處於中心。定期練習靜坐、瑜伽、呼吸練習和真誠的祈禱等技巧，就可以清除壓力、擴展意識並且敞開我們的心靈。完全地開顯出人類的潛質是簡單的，我們有現成的知識和實修方法，我們需要做的只是把優先順序做個改變就可以了。

新千禧年很可能是人類一個更具靈性的時代。我們已經看到越來越多的人在尋找靈性的答案，質疑生命的意義與目的，並且尋找來自內在的圓滿實現。我們在許多地方都可以找到引導，而每一個人終究都要找到自己的路。

有關情緒和心靈傾向的知識，淨化生理系統中的壓力與不淨的練習，可以提供我們一個工具，讓我們恢復內在的喜悅，讓我們與愛的源頭連繫。祈禱和恩典的無形影響也在許多人的發展上扮演了有力的角色。

靈性的追求始終都是對新智慧的追求。在我們進入新世紀的當頭，這一本《新世紀意識的覺醒》對我們下一步的旅程提供了許多深沉的洞見。

第一章

新千禧年——新時代

1

我們正處於一個非常幸運的時代裡，
因為我們已經走出野蠻，
進入一個更多信任、更多愛、
更多慈悲、更多服務和更多關懷的時代。

我們一般都以直線性的進化方式來了解人類的發展，這種思考方式認為人類的進化是從一個未開化的野蠻物種開始，經過漫長的時間，逐漸演化得更文明、更有教化和更優秀。這是一個短視的結論，如果你回到早期的文明中，你會發現許多有智慧的人活在那個時代裡。大自然並沒有在任何時間剝奪任何一個世代的文明、文化和高尚。

很久以前，我們把時間看做一個轉輪或圓圈，而不是一條直線。圓圈意味著你始終都要回到同一個點上，我們從黑暗時代回到黃金時代；一個文明的知識隨著時間而遺失，然後再度復興。我們今天所稱的新時代，其實毫無新意可言，它是非常古老的。

從舊時代轉換到今天的新時代，就是由名聲轉換到自尊。上一個世紀或者幾十年前的價值和今天是非常不同的，人們熱衷的是展現自己，或者說，更在乎別人如何看待自己。隨著新時代的開始，我們看到了價值的轉換。舊時代的人們相信在天上某個地方可以看見神，新時代認為神就在你的內在，「你就是神」的觀念越來越突顯。

新時代的人們在談論天使和意識的時候，更著重價值、愛和靜心。幾十年前，如果有人談論愛的話，人們會認為這是虛假或不科學的。舊時代比較以頭腦為導向，新時代雖然比較以心為導向，可是人們仍然汲汲於物質的追尋，所謂的新時代知識多半沒有實質，難免於空洞之嫌。

舊時代注重殺蟲劑和抗生素，新時代則主張回歸自然和有機農耕，更接近大自然，並且使用自然的青草藥，也就是回歸古代的智慧。幾十年前，人們認為瑜伽是非常怪異且不甚高尚的行為，蹲坐在地板上做運動並不是非常主流的做法。今天，瑜伽已經蔚為風潮，無論你走到哪裡，都可以看到人們做瑜伽保持身體的健康，科學家們也記錄瑜伽的益處。過去被認為是原始的瑜伽已經變得有意義了，那些被認為非常先進和文明的科技，卻被人們證明是極具破壞性的。這就是我說時間不是線性的，它是轉輪的、是圈狀的原因。

人們認為古代是野蠻的，可是看看今天孩子們玩的玩具，有更高尚、更文明嗎？看看今天的電影和電視，有任何高尚的跡象嗎？我們正回到一個「新時代」裡，因為時間已經抵達它最黑暗的點上，你已經到達谷底了！這個時代已經到達野蠻的終點了，不能再往下掉了。在轉輪的底部，你唯一的方向就是往上走，這也是使人們更覺知價值體系的原因。父母關心孩子和他們的價值，也關心如何提升每一個人的人類價值。

這一切正是幾千年前的先知、賢者和聖人們的所作所為。現在所謂的「新時代」的思想，在艾育吠陀、在瑜伽和許多經典中，都以更深沉、更有系統的方式傳遞了同樣的原理。

幾十年前的印度，在公開場合唱歌，尤其是婦女，並不是一件很得體的事情；良家婦女不敢在大庭廣眾下唱歌，唱歌不被認為是一件非常體面的事。印度第一位電影製片人費了很大的工夫才能找到歌手和男、女演員，當時只有廟會的舞者才會唱歌或跳舞。時代已經變了，音樂已經形成風氣了；價值體系已經變了，而價值體系的改變來自於時代的改變。

我認為我們正處於一個非常幸運的時代裡，因為我們已經走出野蠻，進入一個更多信任、更多愛、更多慈悲、更多服務和更多關懷的時代。我們不僅彼此關懷，也開始關懷植物了，這是在此之前聞所未聞的事。環保已經變成人們這十年來談論最多的主題，幾十年前，沒有人在乎環保，甚至沒人聽過這個字，今天，環保已經是盡人皆知的事了。

最近聽到一個人說：「地球上沒有一個沒有環保問題的地方。」幸好，這個新時代為我們帶來了更多希望和承諾。今天我們認知到還有超越物質之外的東西，還有比日常生活更高層次的東西存在。

幾十年前，人們談話的主題是生意，愛是次要的。今天愛已經取得更重要的位置了，我們可以毫無羞赧地暢談愛，在一個世紀以前不容許表達的情緒，今天都可以表達了；對男士而言尤其真實，過去男士表達情緒被認為是錯誤的，而今天，表達情緒不僅被認可，甚至受到鼓勵。

愛和生意是完全相反的兩套算術，兩者的本質相反，所以互不相容。生意是給少得多，一根價值兩分錢的香蕉賣十分錢，生意是給出價值較低的東西，換取價值高的東西，否則生意就做不起來了！愛則是以最低程度的取得，做最大程度的付出；愛是給出更多，取得極少。

生意和愛之間需要進行一次互換、溝通和發生。當我們內在的歸屬感成長的時候，愛找到了它真實的表達。愛不是一種形式，而是我們生命中的臨在。愛是在我們身邊的人身上看到神，靜心是在我們的內在看見神，兩者是並行不悖的。

最好的位置就是新舊並容，並且把它們應用在現代生活和目前的情境裡，例如，當人們開始發明飛機的時候，他們花了幾十年的時間，才真正地畫出正確的設計圖。在飛機正式起飛之前，他們要經歷許多阻礙，因為沒有過去的地圖或藍圖可以依循，人們沒有任何線索，因為過去沒有人做過類似的事，即使是有，也沒有記錄可查。

古代留下來的知識是一張可以讓我們從事研究的地圖，內在覺醒之路是一項個人化的探索，每一個人勢必要走向這一條路，而古代的知識可以給我們指引，知識就像不時為我們指引迷津的路燈一樣。

我聽到新時代團體中有許多人談論預測地震、地球變動，以及開天眼看見天使之類的事情。這些人並不瞭解瑜伽瑪雅（yogamaya）的過程，這個字在古經典中有很詳細的解說。

瑜伽瑪雅是心靈玩的一種遊戲，是心靈中產生的幻相，它可以帶來一些現象。很不幸地，人們百分之百地相信這種事的正確性，人們不斷地玩這個遊戲，向靈媒問一些問題。這一類現象有時候可能是真的，可是他們並沒有可資驗證或測試其正確性的方法。古老的知識告訴我們，這些景象可能只是一個心理幻覺，認知古知識的價值有助於你區別幻覺和實相。

運用古老的知識也可以為社會節省幾百年的研究時間，如果今天的草藥學家不運用現成的古老知識，而必須自己研究才能知道哪一種草藥適合哪一種疾病的話，他們得花一輩子的時間，因為草藥有幾百萬種之多。有了古青草藥典的引導，他們就有參考的依據，可以把書上說的拿來實驗，因而節省相當多的時間和力氣。

許多人聽過某某人看見異象，預見地球要在某月某日結束，或者類似的事情，他們叫大家放棄一切身家財物，進入教堂，然後就可以坐著馬車上天堂。這類人的幻相其實是他們的恐懼、焦慮和欲望的混合物。正確的異象只有當一個人徹底放空，也就是佛陀說的「無心」的時候才會發生。想檢驗一個人的瑜伽瑪雅，你需要找一個人告訴你這個異象是否正確，是否有稍許的差別，以及你是否犯了一點錯誤。那些發生過類似經驗的人，也可以花點時間更仔細地檢驗自己，並且多做靜心，深入內在，他們就會看到異象和實相之間更清楚的差別了。

第二章

創造終極的親密關係

2

當你百分之百地跟你自己連繫起來的時候，
就是終極的親密關係。
這時候，
你看到的每一張臉孔裡都有愛、有魅力、有美。

親密關係的複雜性與困難度使人類有別於其他物種，我們越進步，親密關係給我們的挑戰就越多。動物沒有親密關係的問題，他們不需要找心理醫生諮商，部落社會裡也沒有親密關係的問題。

連繫的驅迫力

每一個人都有一股很深、想要連繫的驅力，這股驅力促使一個人去尋找親密關係。當你有了一份親密關係之後，你就想要它永遠持續下去；當你自己說，或者聽到別人說「我非常愛你」的時候，最典型的反應就是「你會永遠愛我嗎？」我們想要這一份愛永遠都在。你現在愛上了某一個人，或者某一個人愛上了你，不過你認為這還不夠，許多人還會說：「我愛你一直到永遠，一直到生生世世，一直到最後一口氣。」我們的說法也許不同，可是我們都要這個愛終生不渝，我們並不滿足於只在目前擁有這份愛。

我們還想知道這份關係跟我們的前世有關，人們常說：「我確定我們的前世有很深的因緣，也許你就是我的靈魂伴侶。」我們想要把這個緣分扯得很深，我們渴望這個緣分持續到永恆。親密關係中的這種傾向顯示了一個很深的意義，它顯示了這種驅力不是來自心理的層面，而是來自一個我們尚未探測過的、未知的角落。

就算某個人在前世跟你有宿緣又如何？他們有需要再次進入你的未來嗎？當事情一切順遂的時候，你認為你們的關係始終都該如此，你們一直都是相愛的。可是當事情出了差錯，即使事隔多年之後，你還是會認為是自己弄錯了，你們的前世從來沒有在一起過。那麼，為什麼還有這麼多人共同生活這麼多年呢？你不妨審查看看，如果我們的關係是基於個人的需求，它就不會持續太久，一旦這個需求在身體或心理的層面獲得滿足以後，心靈就開始尋找別的事物，或者別的地方。如果關係來自於分享的層面，那麼它就可以持續得更久。

如果你懂得划船，那麼任何一條船你都會划。如果你不懂划船，換一條船也沒有用。換一個關係並不能解決關係的問題，任何關係遲早都要進入同樣的一個情境裡。我們必須把眼光擺在別的地方，我們必須把眼光從建立關係的起點轉移到內在深處。首先，我們和自己的關係是什麼？讓我們來沉思這一點，你和自己是什麼關係？

重複

我們經常會想：「噢，我是一個單身漢，我好厭倦一個人的生活，我需要一個伴侶，我需要一份關係。」如果你連跟自己相處都感到厭倦，那麼你對別人會是多麼無趣？這無異於兩個對自己感到厭煩的人相處在一起，讓彼此厭煩罷了。愛和厭煩有一個共同點：重複。如果你一直重複做某一件事情，你就會感到厭煩。戀愛的時候，你也是不斷地重複著同樣的事情，相愛的人會堅持說一千遍的「我非常愛你，我非常愛你，你好美。」其實說一遍已經夠了！但相愛的人似乎都「忘形了」。當你戀愛的時候，你所說的話似乎沒有什麼意義，許多人甚至會不知所云。

我們常在高中或大學的教室裡看到戀愛的人在書本、牆壁，在每一個地方寫滿了對方的名字做銘記。有時候只寫在教室和家裡還不夠，還要寫在火車、電車、公車站裡——重複。

靈修也是一種重複，手持唸珠，唱誦神的德號，做這一類的事情也叫重複。這種重複一開始會讓你感到枯燥，當你渡過枯燥無趣的階段，而沒有拋棄它或者逃之夭夭的話，那麼愛的源泉就會打開。你再繼續下去，並且體會到自己就是愛的源頭的時候，你就變成了付出的一方，而不是接受的一方。你的關係只有在這個時候才會開花。

關係的改變

關係的本質隨時都在改變。我在這裡使用「關係」這個字，指的是它更廣泛、真實的意義，也就是「親緣」的意思。小時候，你對父母、朋友和玩具會有很多愛。長大之後，你對玩具和糖果的愛轉移到朋友身上，然後再由朋友身上轉移開來。等你為人父母之後，你對孩子的愛比你對父母親的愛超過不知多少倍，我們對子女的愛比對父母的愛多了好幾倍，因為我們的關注和愛由老者身上轉移到少者了，夫妻之間有了小孩以後，他們的愛也會發生類似的轉移現象。

你從伴侶身上尋求安全感、愛和慰藉的時候，你就變成了弱者，你變成了接受的一方。當你是弱者的時候，所有負面的情緒都會冒出來，你開始有索求了。索求會摧毀愛，只要知道這一點，我們就能夠挽救我們的愛，以免腐敗變質了。

一般人的說法是「我墜入了愛河」，我的說法是「不要墜入愛裡，要提升到愛裡」。我們對自己有限的覺知，以及對愛的有限經驗，把我們困在一個狹窄、擁擠的小空間裡，讓我們窒息。我們都想活得自由自在，一份沒有深度的愛會讓我們窒息，而這就是我們今天的處境。許多人墜「入」愛裡，也在愛裡墜「離」。我們無法處理自己所欲、所想和所求的事物，因為我們從來沒有深入過自己的心裡、心靈和意識的深處探索過。

戀愛的時候，我們想與對方融為一體，我們無法忍受分隔，這也是愛人想要了解對方每一件事情的原因。愛人之間無法容忍任何秘密，因為秘密就意味著距離，愛不能忍受距離的存在。

感覺的改變

親密關係中有三個層面：一個是吸引力，這是屬於身體層面的；第二個層面是心理層面的愛；第三個層面是更深一層的連繫感或虔敬心，它屬於靈性的層面。我們的感覺和情緒隨時在變，讓我們感覺美好的一個事物，過不了多久就會讓我們感覺很糟。感覺有什麼好小題大作的？人們常說：「跟著你的感覺走。」我要告訴你們的是：「絕對不要跟著感覺走！」如果你跟著感覺走，你就會被它毀掉，因為我們的感覺隨時都在變化，我們對同一個事物會有好、壞不同的感覺。跟著你的承諾、你的智慧走，你的下場會更好。

念醫學院的學生讀到大一或大二的時候，都會感覺很挫折，想要放棄學醫，改念其他科系。人們在選擇了一個漫長的生涯或困難的科系的時候，經常會有這種感覺。如果他們完全跟著自己的感覺走，就不會走入任何一個專業裡，因為天底下沒有一件事能夠長時間維持它的魅力，對於那些機巧精明的人來說，沒有一件事能夠魅力永駐。這也是智力的表徵之一，一個資質駑鈍的人做任事都會有始有終；可是那些靈敏機巧的人卻發現每一件事物都會很快地魅力盡失——除非這種魅力來自個人的內在深處或存在的核心。然後，心靈就會完全地處於當下，個人的生命因此扎下了深根，他有了一個更廣闊的視野。當下這一刻充滿了魅力，眾生萬物在這一刻裡都是美的，這也是一個人再也不會感到無聊的時刻。

當你百分之百地跟你自己連繫起來的時候，就是終極的親密關係。這時候，你看到的每一張臉孔裡都有愛、有魅力、有美。然後，你就會從想要利他的出發點開始思考：「我能為你做些什麼？我如何做才能讓你的生活更美好？」如果伴侶雙方都能由這個出發點去思考：「我能為你做些什麼？」的話，兩人之間就產生了終極的親密關係。

我們用不著坐等靈魂伴侶的出現，經常有人問我：「我幾時才會遇到我的靈魂伴侶？」如果你打電話給靈媒，他會告訴你：「你的靈魂伴侶出現了。」靈魂伴侶？我要告訴你們，除非你先遇見你自己的靈魂，否則你永遠遇不到你的靈魂伴侶。如果你還沒遇過自己的靈魂，你怎麼認識你的靈魂伴侶呢？

當我們在觀照「我是誰」的時候，我們看到我們不是自己的情緒和感覺，我們也不是自己的思想和概念。那麼我們到底是誰？這一句自我探詢在我們內在創造出一份覺醒，取走了制約我們的枷鎖。親密關係中的每一方都期望對方應該改變，我們只想要對方改變，卻從來不思考自己應該如何改變。如果我們先改變，並且發展出一份覺知的話，我們就創造出一個讓對方可以改變的氛圍，無論對方的現狀如何。

尊敬

我們內在的驅力除了想要尋求愛以外，還有尊敬。任何一個親密關係中最大的恐懼就是失去尊敬。尊敬需要一些距離，愛無法容忍距離，這是親密關係中的基本衝突。當你沒有處於中心，當你的內在沒有深度，當你的生命膚淺的時候，你如何得到對方的尊敬？別人越接近你，你就越擔心別人會知道你的恐懼、你的憂慮和你狹隘的心量。這的確會導致尊敬的喪失，一旦尊敬喪失之後，愛就失去了它的魅力。

你曾經花點時間來淨化你系統裡的負面情緒嗎？你曾經撥出點時間來尋找你的源頭嗎？你曾經自我探詢過「我從哪裡來？」、「我往何處去？」的問題嗎？不要認為你會永遠活在世上，看到有人過世的時候，我們會說：「噢，可憐的人過世了，神這麼無情。」

我們從未完全掌握有朝一日我們也要離開的事實，再過五、六十年之後，在座的沒有一個人還在世間。

你往哪裡去？你從何處來？你和宇宙是什麼關係？你和身邊的人是什麼關係？沉思這些問題，了解你的情緒、你的思想、你的身體、你的呼吸、你的心靈、你的需求、你的能力和你自己的美，然後，你就會走出恐懼。一旦恐懼離開你的生命之後，尊敬就會永遠常駐，然後，你的伴侶或任何人，他們越接近你，就會越發地尊敬你。當恐懼離開之後，「保持距離，以策安全」對你已經不重要了。

放掉恐懼並不是一件理想化的事情，「好吧，這件事聽起來還不錯，不過並不實際。」不對，這是一件實際的事情，許多人都能夠看到這種事發生在他們的生命裡。開始的時候，偶而和你親近的人保持一點距離，一年至少花一星期的時間給自己充個電，並且定期地給自己時間和空間，深入你的自性，深入地探掘。

靜心就是一個讓自己安住在自己的領域，也就是愛裡的過程。靜心不只是坐在那裡做一件枯燥乏味的事情，或者做白日夢，或者打盹；你是一個海洋，你的內在深處蘊藏了無窮的財富、無窮盡的美，你擁有太多的愛可以給出，你的心靈擁有無窮的威力，你能夠在身邊創造出你想要的情境。在這個時候，一份終極的關係就可能發生了。

終極的關係是超越時間的，因為你是永恆的。時間和心靈是同義詞，時間只不過是兩個事件、兩件事情之間的距離罷了。

愛不是一件發生的事情，愛是存有，愛不是一個行為，愛是存在；愛不是一種情緒，愛是你的本性。感覺會變，思想會變，觀念會變，身體無時無刻不在變化，可是我們內在深處渴欲的卻是不變的、永恆的、始終如一的。我們戀愛的時候都用「永浴愛河」、「天荒地老」之類的詞句示愛，也是這個原因。我們想要永遠感受到這個愛，因為愛會帶你超越時間，當你戀愛的時候，你不會注意時間，明明已經過了五個小時，你卻感覺像五分鐘一樣快。

如果你今天就開始做一件事情的話，你的關係就會立刻得到滋長，這件事就是，從一個利他的出發點，從一個給出的出發點出發。

給出什麼呢？給出對方需要的，給出時間，給出關心，給出金錢，給出任何事物；讓自己只活在一個想要給出的覺知裡，並且保持一份耐心，你的關係就會提升。然後，你就可以划任何一條船了（當然，船難免有漏洞的時候，你不得已還是要換船，不過，你是出於一個完全不同的理由才這麼做）。

神

我們和神也有一份關係。神有三個人稱：第三人稱的神是「他」或「她」，第二人稱的神是「你」，第一人稱的神是「我」。

人們最樂於以第三人稱來稱呼神，因為他們會感覺非常安全，自己和神之間沒有任何關係，神存在於雲端、在天上，他、她或者神是在第三人稱的他處。你預留了一條退路，讓自己不要接觸實相。

在你身邊的人身上看見神，或者把你周遭的每一個人都看成神，或者以第二人稱的「你」來稱呼神會比較困難。我怎麼能說「你」是神呢？如果我們用第二人稱來稱呼神，我們擔心神會懲罰我們，這麼稱呼不安全。如果我說「我」是神，在第一人稱中看見神的話——算了吧！因為每當我審視自己的時候，就看到所有的不完美，我怎麼可能是神呢？我們認為這是不可能的事。還是把神擺在第三人稱比較安全，比較容易掌握，容易把神概念化。我們想要維持原先的感知方式，這就是一般人的態度。

如果我們只以第三人稱的方式來看待神，我們就沒有跟實相連繫，我們跟神之間就沒有關係。親密關係是什麼？感覺不到有隔閡，我泥中有你，你泥中有我；如果你泥中的某個人受到了羞辱，你會感覺像自己被羞辱一樣，如果你泥中的某個人受人讚賞，你會感覺像自己受到讚賞一樣快樂。在第三人稱裡，怎麼可能發生這些事呢？

這就是耶穌會說「到天父之路，必須經過我，你別無他路，因為我就在你面前。」這句話的原因，佛陀和所有悟道的大師都說：「如果你一定要見神，那麼你必須通過師父。」也是這個原因。這是因為師父是第二人稱，他是聯結第三人稱和第一人稱之間的橋樑，在師父面前，你會體會到自己和神之間是沒有隔閡的。

神就在你的內在，你在神裡面，神也在你裡面。只有在你的心靈擺脫了壓力、張力、憂慮和焦慮的時候，這樣的證悟才會發生。心靈就是遮覆我們內在神的蓋子，一旦你拆開了包裝紙以後，你會發現，「噢，原來我的內在有這麼美麗的一份禮物呀。」生命就像我們所擁有的一份聖誕禮物一樣，我們活了一輩子，卻從來沒有打開過這一份生命的禮物。

假設我們買了一組禮物分送給每一個人，大家都稱讚說：「噢，好漂亮的禮物呀！」然後，每個人都抱著禮物，只看包裝盒就滿足了，卻不肯拆掉包裝，看看裡面。生命的秘密就是：你在世間看到的所有魅力和喜悅，都只是包裝紙而已，縱然五彩繽紛、設計絢麗，可是真正的禮物卻在你的內在——神本身。當你看到真正的禮物的時候，你就開始與自己建立起百分之百的關係了，你開始以第一人稱看見神了。這就是終極的親密關係。

第三章

愛、我執和生命的目的

3

你從這個世界想得到的所有事物是愛，
你第一個被提供的事物是愛，而你的本質也是愛；
從開始到結束，一切都是愛。
我們只有在中間的階段會感到迷惑，因為我執出現了。

生命的目的是什麼？我們想在這一生中看到的成果是什麼？我們想要的是什麼？有人說，這一生的目的就是下一生重返人世；有人說，生命的目的是愛。為什麼有人說下一生不想再來了？因為他們發現人間沒有愛，或者雖然有愛，卻是非常痛苦的愛。

當一個人活得痛苦和困擾的時候，他就不想再回來。如果這個世間既美好又充滿了愛和神，那麼不想回來的欲望就自然而然地消失了。當我們從所有的面向和角度看到了生命的目的，那麼我們所要的成果就是永不止息的愛，一種不會帶來痛苦的愛，一種會成長並且屹立不搖的愛。

假設你擁有世間所有的成功，甚至變成世界的首富或最知名的人，但是生命中卻沒有愛，那麼你的生命就不是成功的，你的生命會顯得貧瘠不堪。從每一個角度來看，我們都得到同一個結論：這一生中，我們都嚮往愛，一種神的愛，理想的愛，生命的目的就是在這個理想的愛中開顯綻放。

真正的問題是，如何抵達那裡？如何擁有這種愛？如何找出是什麼阻礙了這種愛？我執是什麼？我執像一場夢，當夢消失的時候，它就不存在了。你既不能說夢是真實的，也不能說它不真實，因為你有過那個經驗。我執是不自然的，如果我執是不自然的，為什麼每一個人都有我執呢？因為就某方面而言，它是成長所必要的。

種子都有一層皮或外殼包覆著，可是你把種子浸在水裡，它就會發芽，外殼就會脫掉。我執也像這樣，它是一個必要的不自然，它是在你兩、三歲的時候發展出來的，在這之前，你的生命是活在一個完整的、純真的、充滿法喜的愛的狀態裡。接著，我執就像外殼一樣發展出來了。認知的作用就是揭開這一層外殼，讓你再度活得像一個自然、單純、無邪的赤子一樣。當你自然、單純、無邪的時候，你就沒有我執了。

我執不是一個物質，它像黑暗一樣是非實質的，黑暗只是缺乏光而已。世界上沒有一種叫做我執的物質，你也可以說它是缺乏成熟，或者缺乏純知識。我執要如何克服呢？透過自我觀照，透過更多的自我了解，以及透過靜心更深入自己。

在《愛的金玉良言》（Bhakti Sutras，那喇達聖者在幾千年前寫的經典）中有一節經文是這麼說的：「認知是發現自然的輔具之一。」半知半解一開始就會產生我執，當知識圓滿的時候，當認知成熟的時候，我執消失，單純出現了。我執只是缺乏完全的發展，缺乏完全的了解，這並不表示我們一開始不該有，我執是必須的，不過你能夠從我執裡成長。

人會老，但是人的心理年齡、人的成熟度卻在生命中的某些特定時期停滯了。有些人的成熟度卡在二十歲，有些人卡在三十歲，有些人卡在十來歲；他們的思想、他們的欲望，每一件事都只從那個角度，從那個成熟度來看，他們沒有相當的覺知、覺醒或敞開性。

認知是發展你內在最深處——也就是愛的——輔具。在內在的最深處，你是愛，每一個人都是由一種叫做愛的物質所構成的，那麼我們為什麼會有問題呢？因為我執的外殼遮住了我們的本質，就像種子被外殼包裹住一樣。想要揭開我執，我們可以做瑜伽、靜心、呼吸練習和淨化呼吸法之類的修持。淨化呼吸法強而有力的淨化效果，只要幾天的練習，就可以快速地敞開人們的心靈。

當我們認知了生命之後，還有什麼好擔心的？我們還有什麼理由為了一份關係或某個事件而憂煩？不妨回顧看看，同樣的模式在我們的一生中重複過多少遍？我們不是擔心這個，就是擔心那個，擔心不斷地持續著。當那一份讓你可以深入地看生命的覺知來臨的時候，你就會變得非常自然、簡單和純真。從此以後，你的臉上就會帶著微笑了。

如果人們充滿了愛，為什麼他們還會犯錯呢？這是因為壓力、緊張、張力和無明的緣故，我們稱之為我執的無明。這個不是物質的黑暗，當光明來的時候，黑暗單純地消失不見了。

認知的目的，每一個文明的目的，都是為了促進愛的開顯，有些人抱持一個觀念，認為認知就可以達到這個目的。透過了解、透過靜心，你克服了障礙，並且變得簡單、自然和純真，而這些又會導歸到愛。有人的觀念是，只有當愛出現的時候，完整的認知才會來臨。這兩種說法都是真的，因為它們彼此依存。

如果你真的愛一件東西，你會想知道更多它的事；如果你愛自己，你會想知道更多自己的事。渴求了解你所愛的對象是非常自然的，當你對一件事情的整體擁有一份認知的時候，你一定會愛它。有一句俗話說：「親不敬，熟生蔑。」這句話也許有幾分真實性，但它指的只是親密，並不是完全的知道。如果你只是親密，那麼輕蔑就會發生；可是如果你是徹底地熟悉，如果你對一件事物有透徹的認識，那麼愛就會生起，因為每一件事物的深處都有愛。

愛是整個存在的核心，耶穌說「愛就是神」也是這個原因。愛像神一樣，無所不知，瀰漫在萬物之中；耶穌把它們劃上等號，愛就是神，神是無所不在的，愛只有這一種，但它會以恐懼、憎恨、忿怒和不同的情緒彰顯出來。

在所有的關係和交往之中，我們只有兩個視點，要不是愛，就是漠不關心，我們沒有第三個視點了。當你漠不關心的時候，你沒有忿怒、沒有憎恨、沒有恐懼。遭到扭曲的愛就是忿怒、憎恨、恐懼和其他的情緒，我們都看過這一切在生命中發生。愛因為缺乏知識而遭到扭曲，認知有助於愛的綻放，而認知也會帶來完整的知識。

恐懼歸因於認知的缺乏，未知創造出恐懼，你對事物的錯誤知解在你的內在創造了憎恨。憎恨是對實相的錯誤觀念，憎恨會發生是因為某人做了一件錯誤或有害的事情。心懷憎恨的人對他們為什麼會犯錯沒有興趣，他們不看事情的細節；當別人傷害你的時候，你就恨他們。他們為什麼傷害你？因為他們有傷痛，他們的內在有許多傷痛，他們唯一能做的就是傷害別人。罪犯為什麼要犯罪？因為他們會痛，因為他們需要療癒，因為他們不正常，他們生病了，他們對自己不了解，或者沒有明確的認知。

當你看到他們內在情況的時候，你的憎恨就會消失，你只會心存慈悲。如果你看到有人被激怒了，生氣了，你會對他們懷著一份慈悲嗎？他們不會因為那種感受而愉快，沒有人喜歡被激怒或生氣。如果我們看到別人的錯誤而沒有慈悲的時候，我們難免也會生氣。

生氣的肇因是當事人對自己內在發生的事沒有完整的認知，表現忿怒本身不是錯誤，可是對自己的忿怒沒有覺察，卻只會傷害到自己。有時候，你可以刻意地表示生氣，這種生氣是有差別的；你也許會對自己的孩子生氣，如果他們置身險境，你會做出強勢的態度，或者對他們大聲吼叫。這表示生氣有它一定的時機，可是當你生氣的時候，你發生了什麼事？你完完全全地被動搖了。

你對自己在生氣中所做的決定，或者說出來的話感到滿意嗎？不會，因為你完全失去了你的覺知。如果你是在完全覺知的情況下表現生氣的行為，這很好。當我們不完全知道情境，當我們沒有設身處地為他人著想的時候，那種會轉變成恐懼和憎恨的生氣就會發生。

我並不是說這些情緒是好的或壞的、是對的或錯的，我們談的是它們的結果。事實上，當忿怒來臨的時候，你能做什麼？你也許會想一百遍：「我不應該生氣。」可是當情緒上來的時候，它就像狂風暴雨一樣，你沒辦法控制它。你所有的設想、觀念和承諾，全都派不上用場，它們無法立足，它們發揮不了作用，你被自己的情緒所擺佈。情緒的力量，比你的思想和承諾大了二十到三十倍。

了解這個機制就會把你的心打開。事實上，忿怒是一個工具，當你知道如何控制它，當你有能力了解它、使用它，在什麼時機使用它，如何應用它的時候，它就變得無比重要了。這是需要技巧的，這是一個處理自己力量的藝術，認知和忿怒是互相依存的，認知和愛是互相依存的。

認知給了你一個可能性，讓你的生命在任何時刻、任何地方、任何時間綻放；也許就是在海灘漫步的時候，你突然之間愛上了整個宇宙、太陽、月亮、星星、落日，海灘的波浪和樹林中的清風，在你眼裡，萬物都充滿了生機，生機洋溢地讓你變成了當下那一刻，它攪動了你內在深處的某些東西。

你的內在同步地產生了一份覺知和愛的綻放，我們愛的能力決定於我們的深度和敞開度。一顆小石子可以在一口小池塘裡激起大波大浪，透過認知，透過深度，透過潛入自己的深處，愛的能力就會增加。當愛的能力增大的時候，知道和了解的能力也跟著增加了。

自我設限是我們典型的特徵，我們常說：「我屬於這個地方，我屬於這個文化；我是東方人，我是西方人，我是中東人。」當我們認同於一些有限的事物之後，愛的能力也被侷限了，知的能力也被限制了。小孩子常常說這一類的話：「我的爹地比你的爹地還棒。」、「我媽咪比你媽咪還好。」、「我的老師比你的老師更了不起。」大人也做同樣的事，只不過玩具或比較的對象變了而已，大人會說：「我的國家比你的國家好。」、「我的文化比你的文化優秀。」這就是世界上發生的事情，你們看到了其中的瘋狂不智嗎？

一個印度人會說印度教比較好，只因為他是印度人，而不是因為事實；一個基督徒會說《聖經》很棒，只因為他是基督徒，一個回教徒會說《可蘭經》是全世界最偉大的經典，只因為他是回教徒。《聖經》是很棒的經典。一個日本人說「美國了不起」，比一個美國人說「美國了不起」更有價值。

我們認為很棒的事物，往往只是因為我們屬於那個事物，我們把自己卡在那個限制裡面。我們為什麼不醒過來，看一看，從無始劫以來存在於世界上的一切何曾屬於你過？「我不只是來自於美國，我不是一個德國人，我不只是一個印度人，或者亞洲人，或者非洲人。我在一切處、所有處，我和每一個人都是一家人。人類所有的財富都屬於我，無論是《薄伽梵歌》（Bhagavad Gita）、《可蘭經》、《聖經》，或者錫克教義、耆那教義全都是我的財富。」

一個成熟的人會宣稱全世界都是他的財富，成熟意味著一個人不對世界現有的財富侷限劃分，他會說：「整體屬於我，我屬於每一個人。」這就是開悟。一個人的整個進化從他做為某某人開始，做某某人就是我執，「我很棒，我很進化，你不進化。」這就是我執。認知進化兩階段的真理，就會把一個人從我是某某人到我是平凡人，再從我是平凡人到我與眾生一體。

對一個開悟的人而言，每一個人都是神的一個形相，每一個人都是神性的一個形相。一個開悟者說話的時候，他的立場不會是「你們都是無明的，我是非常開悟的人，我要來告訴你們一些事情。」他不會，他知道自然——神性正在提供這一份美麗的認知，它只是以不同的形相出現而已。一個交流正在發生，事實上，生命中的每一件事都只是一個發生而已。

愛是果，是生命的完成品，愛既是完成品，也是初果。一個人想要的第一個和最後一個事物是一樣的，小時候，我們來到這個世間，我們在愛裡歡慶，我們的母親自然而然地提供愛給我們。母親愛她的孩子，造化中的每一個動物都是如此。

愛是第一因，正如同水果的種子在水果裡面，種子的最終形式也是水果。最終的產品就是愛，你從這個世界想得到的所有事物是愛，你第一個被提供的事物是愛，而你的本質也是愛。從開始到結束，一切都是愛。我們只有在中間的階段會感到迷惑，因為我執出現了，然後我們感到困擾，我們也干擾別人。眾生萬物都只是以愛的名義存在而已。

知識導歸愛，如果你鑽研科學知識，你越深入它，它就越神秘。那些深愛數學和科學的人，當他們深入其中的時候，往往會被造化的複雜度所征服。假設你愛天文學，你想要探測宇宙裡有多少星體、有多少億的星星、有多少太陽系、時間是什麼、這一切存在了多久的時間？這個知識會撼動你，它會讓你瞠目結舌，然後，在那一刻，你只有詫異。

詫異引發出你內在的愛，因為愛就是詫異。它是一個神秘，知識加深了神秘，這就是知識的目的。當一位懂原子和DNA分子的生物學家深入其中的時候，他會瞠目結舌，啞口無言，他會說：「這是什麼？真令人驚訝。」其中的趣味和驚訝，把一個人帶進詫異裡，再從詫異轉進愛裡。愛是世界上最令人驚訝的事物。

當你聽聞到一些知識，你的心靈說出「是」的時候，這意味著你已經知道了，聽聞這個知識，只是點燃你內在已經有的東西。事實上，你根本不需要聽聞這個知識，你只要在靜默中坐著就好。如果你愛靜默，那麼靜默就是最好的方式，可是如果你不習慣觀照靜默，那麼言說就是比較好的方式。

我們都受過各種學科的教育，我們也許懂得如何操作一部複雜的電腦，可是我們卻不會操作生命，沒有人教過我們要如何活出生命。全世界每一個地方，不只是這裡而已，人們沒有學過如何活出生命。現在我們可以開始教育人們了解他們的心靈、他們的我執、他們是誰，以及他們為什麼來這裡。這些就是這個新時代所需要的主要智慧。

第四章

意識的治療力

4

透過對心靈——意識源頭的關注，
我們可以重新獲得健康，
因為純淨的意識就是純淨的愛。
愛是地球上最崇高的治療師，
是最高的力量。

人類的成長由身體開始，接下來才是心靈的成長。精神製造了肉體，精神發展身體，維繫身體，最後又獨立於身體。精神體——本體，存在於先。我們內在的生命力使身體內的所有功能發揮作用，它使心臟跳動，抽送血液，使頭腦發揮作用，維持細胞的生命，生命能量管理我們身體系統中這麼多的活動。

生命能量——意識，擁有龐大、無限的潛能，它控制並影響了身體的變化。感覺享樂或痛苦的是我們的意識——心靈，心靈透過肉眼去感知世界的客體，心靈透過耳朵傾聽並且感知聲音。你透過你的心靈、你的精神體和世界交往。

在睡眠中，心靈從世間抽離，它回到自己身上，休生養息。在活動中，心靈離開了自己，它進行投射，經驗世間的苦或樂。在睡眠中，你既沒有苦也沒有樂，兩者你都經驗不到，心靈撤回了，意識回到它自己的殼內。創造的過程發生於活動和回歸自性的交替循環之中，在休息和活動，在作用與間隙之間的脈動就叫做生命，這一切的整體，這兩者的組合，就叫做生命。生命不只是活動，生命也不只是休息，它是這兩者之間的交替循環。

生命具有一種獨特的自療和自我發展能力，意識具有令人驚訝的潛力。具有龐大力量的意識維繫著造化中的秩序，它的智能讓它知道樹莖該多高，哪裡該綠，哪裡該黃；一顆種子發芽，種子裡具有一棵植物應該如何發展的整體結構——什麼應該硬，什麼應該軟，內部應該有些什麼。一棵植物的整個架構就存在於每一顆種子裡面。

以同樣方式存在於身體每一個細胞裡面的ＤＮＡ，也包含了我們存在的整個程式，在種子層面發生的改變會影響整個樹莖、整朵花、整棵植物的改變，在我們存在的層面，也就是意識的核心，所發生的改變意味著什麼？我們必須回到源頭處——種苗，我們必須回到種子，那個源頭就是我們的意識，我們的心靈，那裡存在的無窮潛力能控制整個身體，它的韌性，它的力量和所有的一切。

去年，一位德國醫生罹患了快速蔓延性的癌症，她的腦部有一個腫瘤，癌細胞快速蔓延到全身，醫生說她頂多只能活三個月。她聽說我在海德堡，所以來看我，她是被她先生帶來的。她已經把一切後事，包括遺囑等都準備好了。她是一位外科醫生，當時才四十歲。她被用擔架抬著送到我兩天的研討會現場，我叫她躺在那邊，她來到那裡感覺好多了。

在同一個月內，義大利也有一場四天的課程，她也去參加了，接著她又去印度參加一個十天的課程。從她參加第一次課程到現在已經三年了，她原本只能再活三個月，醫生發現她的癌細胞已經完全消失了，她除了體重減少了一些之外，活得非常健康，非常快樂。

今年十月，我在巴黎的時候，她從德國開車來見我。我問她是什麼原因幫助她克服癌症的，她說：「是對細胞由一層意識和一團能量所包圍的這個事實有一份了解，當這一團能量或意識是有活力、快樂、純淨又免於壓力的時候，它就能穿透到細胞裡的ＤＮＡ，並且清理這些細胞，給細胞注入活力。」她又說：「這個結果可能是因為呼吸練習、淨化呼吸法而發生的，還有我的靜心，連續十到十五天，我持續地做了一段時間，這是我唯一能夠找到的解釋。細胞不是憑著自己就存在的，它們是由意識、心靈、本體，也就是造化的根本而存在、而生存的。」

我還見過幾個類似的病例，都是因為淨化呼吸法和深度靜心的幫助，克服了這些問題。去年，一位洛杉磯的醫生說，氧氣的供應可以摧毀系統內的病毒。我們典型地只使用了肺活量的百分之三十而已，呼吸法練習增加了肺活量，而淨化呼吸法則大量地把氧氣供應給我們的系統。系統內百分之九十的不淨是透過呼吸排出來的，因此，增加深呼吸就可以減少系統內的不淨。這些練習，加上神的恩典，就能夠消除疾病的肇因。

我們還可以從另一個角度來看像ＨＩＶ或癌症之類的絕症。當某一個人被告知自己患了絕症的時候，他就會相信自己將不久於世。克服此一障礙是一個非常重要的過程，這才是痊癒的重點，對絕症的恐懼不但不會強化系統，反而干擾了整個系統。

如果你觀察第三世界國家的情況，許多人住在一個不知生命何時會結束的地方，也許下星期的一場水災就把整個家園摧毀殆盡。無論你住在哪裡，生命中有一件事是千真萬確的——人人皆有死，有任何一個人能免於一死嗎？

蒙特利有一群人問我，他們應該對HIV的患者說些什麼？我告訴他們說，你們不必同情他們，他們不需要同情，一般人以為HIV和AIDS患者需要同情，我們應該同情他們。我說：「不必感到遺憾，每一個人都會死，至少你可以告訴他們：『好吧，你替我保留一個位子，再過不久，我也要去了。』總之，你會死，我也會死，人人都會死。醫生會死，病人也會死，這是一個人人都難免於一死的地方，死亡是每一個人遲早都要面對的一件事。」

如何死亡是非常重要的——你是面帶著微笑死去，還是在抱怨、難過之下離開呢？沒有人知道自己何時會死，你可能遭逢意外或者一場地震，不僅生病的人會死，健康的人也會死，疾病和死亡沒有關係，一個病人往往活得更長，而健康的人反而死得更快。

我們可以透過明白和觀察來消除恐懼的根本肇因，透過對心靈——意識源頭的關注，我們可以重新獲得健康，因為純淨的意識就是純淨的愛，愛是地球上最崇高的治療師，是最高的力量。

問：你說有愛的時候就沒有恐懼，有恐懼的時候就沒有愛。我們如何克服恐懼？

答：第一件事就是觀照，你要觀照恐懼，當恐懼來臨的時候，會發生什麼事呢？胸部生起了一些感覺。觀照，深入你對這一份感覺的觀照裡。心靈中的每一個情緒都會在身體上創造出一個對應的感覺，當你觀照這一份感覺的時候，情緒就會轉化成身體上的感覺，接著就消失不見了。明白嗎？這種觀照是一個靜心的技巧，你觀照感覺的時候，感覺就會得到釋放，心靈就變得自由了。

如果觀照有困難的話，那就要有一份歸屬感。我屬於神，或者神在照顧著我，或者我有我的老師、我的師父，或者我歸屬的任何人。我的師父照顧著我，神照顧著我，透過這一份歸屬感，恐懼就消失了。你歸屬某一個人，你歸屬於神，你歸屬於師父，你歸屬於這個世界或者歸屬於某一種力量，你有了這一份歸屬感之後，恐懼就消失了。這個方式也許更容易，更簡單。

如果這個辦法也不可能的話，那就要看到萬事萬物的無常。你身邊的每一件事都在快速地改變之中，就算你想要，也抓不住任何一件事物。事物來來去去，人們來來去去，人們的心情會改變，人們的情緒會改變，他們對待你的行為方式會改變，萬事萬物都在變化。你要看清一切事物，看清身邊每一件事的無常，整個世界都在改變之中。這樣你也可以獲得一股力量，恐懼也會消失。恐懼就是執著、緊抓而不肯放下；這一生中沒有一樣你可以執著的事物，有任何一件事是你可以執著的嗎？有一天，你要跟每一件事告別，絕絕對對的每一件事，包括你的身體在內，你非告別它們不可。

覺知也可以從你內在帶出龐大的力量，讓你能夠歡笑。我們都是哭著來到這個世間的，你從出生的那一刻起就開始哭泣了，如果你沒有哭，也會有人讓你哭，你的父母或者醫生會打你的屁股，讓你哭，如果你不哭的話，他們就要哭了。我們都是哭著來到這個世間的。

對生活有更多的覺知，並且在每一刻中歡笑地走過這個世間，這就是成長，這就是人格的綻放，你們明白嗎？綻放。有些人已經非常非常老了，諷刺的是，他們也不相信自己隨時會死。你們明白嗎？你只要問他們一句話：「你準備好今天要死了嗎？」「沒有。」

生命的品質如何一刻接著一刻地活得深刻？生命的覺知，生命的本質，這一切都跟你治療的能力有關係。這股生命的能量對身體有治療的效果，當你的心靈免於恐懼、愧疚、忿怒而變得更清明的時候，你就能夠治療系統內的任何疾病。

心靈擁有無比的力量，就算外面是零下二十度也無妨，你照樣可以在外面行走，你可以赤著腳走路，卻不會發生任何事情。我來此地之前，人在卡爾加里，那裡的氣溫是零下二十度，有人跟我說：「不行！你一定要穿一件外套，你應該穿雙鞋子，你應該這麼做，不要出門。」我說，沒什麼，不用擔心。那裡有一個結冰的湖，我們去了那個湖上面，令人非常愉快，非常美麗。你的心靈、你的意識非常有力量。身體毫無疑問地有它的極限，你可不要明天跑去走火，說：「不會有事的。」雖然我說有這個可能。

淨化呼吸法（Sudarshan Kriya）是我大力提倡並且到處教授的一個技巧，“Sudarshan”的意思是對「我是誰」有一個正確的知見，“Kriya”是淨化的行動。在一個小時的時間內，在第一個練習裡，你就會發現能量、心靈、氧氣如何穿透你身體中的每一個細胞，並且非常深度地淨化了你，你身體的每一個細胞都得到了淨化、氧化和蓄能。

腦下垂體連結著我們的下視丘，那也就是你的意識和心靈所在的位置。直到今天，科學家除了知道它連接著負責發送命令到全身的腦下垂體之外，還不知道下視丘真正的功能是什麼。幾千年以前就有人撰寫這方面的論著了，他們對腦下垂體一無所知，但是他們卻說：「在身體裡的這個地方，它是一個中樞，只要一點點的專注，就足以對神經系統產生非常正面的影響了。」意識透過這些腺體產生作用，在進行清除的同時，把能量帶進免疫系統裡，強化我們的免疫系統。梵文的健康是“swasta”這個字，“swasta”這個字意味著健康，也有安住在自性裡的意思。健康意味著處於中心裡，這個字的含義是指，如果你的心靈是專注的、處於中心的、免於干擾的、紮實的，這就是健康。

我們經常會有一個要保持積極思考的觀念，這種做法的效果不是百分之百的，它對你會有一些正面的效果，不過並不完全，為什麼？你思考用的意識心只是你全部意識的十分之一而已，往往當你強迫心靈做正面思考的時候，你把負面思想壓到內在深處了。正面思考也可能會是沮喪的肇因，當你在正面思考時，你內心深處卻相信有一個負面的思想在，你越強迫那個正面思考，負面的思想就越深入你的內在。

負面思想是如何產生的呢？注意你負面思想的源頭，負面思想是因為張力和壓力而出現的，暴力是因為張力和壓力而出現的，忿怒是因為張力和壓力而出現的，沮喪是因為張力和壓力而出現的。一個放鬆又快樂的人是不會有負面思想的，明白嗎？一個人越悲哀，就會出現越多的負面思想。不要用積極思考去塑造你的心靈，你反而要透過呼吸，透過靜心，深入你自己，淨化你的系統，進入它的根部，消除它的源頭，進入負面思想的根源。它不需要很長的時間，尤其是淨化呼吸法，它的效果幾乎是即時的。只要練習兩天，一天練習兩小時，就可以大量地淨化身體，使你身輕如燕。

問：如何培養那種歸屬感？

答：你無法培養這種歸屬感，當你丟掉張力和壓力的時候，它會自動地來。你已經屬於這整個存在了，你並不是孤立的；空氣進入你又出來，也進入這個人和那個人，它在全世界運行，同樣的空氣、同樣的呼吸、同樣的水進入你的身體，再透過你的呼吸，像水蒸汽一樣，遍布全世界。心靈也是同樣的情形，心靈不只是在一個地點，心靈是一個場域，就像一個電磁場一樣，它是無所不在的。

生命是一個場域，我們全部都浸淫在生命之洋裡。不要認為生命只在這裡和那裡，在你和我之間就充滿了生命，生命瀰漫在每一個地方；身體就像是飄浮在海上的空殼一樣，我們都飄浮在生命裡，到處都充滿了生命。當這一份明白在你的心靈裡面很堅定的時候，那個「我、我、我」就消失融化了。你變得非常自然，像個孩子一樣，明白嗎？你變得如此完整、如此圓滿，你會從內在深處發出微笑。

另一種是分離的痛苦。你喜歡某一個人，你愛上某一個人，然後一件小事在你內在創造了一個巨大的傷疤，它創造了這麼多的痛苦。如何處理痛苦是當今的一個主要的問題，兩天前，有一個人來找我談話，他說：「我剛和我的未婚夫分手，痛苦讓我無法承受。」你既無法和那個人一起生活，也不能沒有他，這就是痛苦；這種痛在你內在創造了一個傷疤，一個空無，心靈感覺它再也無法承受了。

這把火可以塑造你，讓你真正地走出痛苦。一點知識、一點智慧就能把你從情境裡拉出來。當痛苦還在的時候，任何人的忠告都幫不上忙，任何事都沒有用；你想要靜心，可是連靜心也不會發生，現在該怎麼辦？你需要一個有愛、有支持的地方，或者一個團體，一個情境，再不然，你就需要某一個人的臨在，或者跟這個人有連繫、有溝通，這個人既處於中心，又充滿愛和資源。然後，你的痛苦就可以消除了，這不需要很長的時間。一個可以把你的重擔卸下來的人，這也是耶穌會說：「我就是道路。」的原因。

在耶穌的時代裡，人們的心中充滿了痛苦，因為奴隸制度，因為中東和耶路撒冷的問題，任何別的法門對他們都沒有幫助。耶穌只是簡單地說：「我就是道路，跟我來。」憑著他的愛，他就能把人們從痛苦裡拉出來。佛陀也會這麼說，佛陀說：「第一件事就是來我這裡，我什麼也不做，只要處於我的臨在裡，或者跟我做一個連繫，一個溝通，你就可以把內在的痛苦丟掉了。」

你無法給耶穌、佛陀或任何悟道的大師什麼好的東西，師父不需要你任何的好處，他們只是把你自己扛不動的痛苦和垃圾拿走而已。地球上所有開悟的大師都是收垃圾的，他們除了收集垃圾之外什麼都不做。世間的任何一樣東西，除了垃圾之外，你都帶不走；你帶著一份歸屬感、臣服和敬拜，你的心靈就可以把這些不必要的重擔卸下來了。

有一種「媽媽在家」的感覺，這是另外一種選擇。首先，你要觀照自己的感覺，背負你自己的十字架，如果你做不到，那就做一些練習。如果你還是做不到，那就歸屬某個人，找一位師父，一個非常處於中心的人，可以幫你丟掉這一堆垃圾的人。憑著師父的愛和光，你就可以減輕重負了。這就是三種主要的選項。你可以選擇其中任何一種。

問：在我們求助的時候，師父需要親自在場嗎？

答：這決定於你感受那一份連繫感的能力如何，開始的時候，身體的臨在是非常非常重要的。

問：靜心可以容許我們發展出一份臣服感嗎？

答：臣服意味著什麼？它只是你的愛而已。透過靜心，你的壓力和張力丟掉了，你變得更有愛心。愛的能力是什麼？什麼樣的小事能夠干擾我們？我們的心量是憑著能干擾你的事情來測度的，如果你的心小得像一口池塘，那麼即使一顆小石頭都會創造出大的干擾，如果它像一個湖，那麼就需要一顆大石頭才能創造出干擾來。如果你的心廣闊得像大海一樣，那麼就沒有任何事能干擾它了，即使一座山掉進海裡，大海還是聞風不動，連一點漣漪都激不起來。

愛是超越定義的，你也可以說，免於張力、感到自在就是你自然的本性。除了透過你的自性以外，你沒有其他方法能夠知道愛是什麼了。愛不是一種情感，愛就是你的存在，愛就是構成你的元素。要知道這一點，你需要丟掉所有的張力，並且真正地感到自由才行。

問：在我頭痛或者頸子扭痛的時候，我都使用過觀照覺受的技巧，病症就像是覺受一樣。當你得了像ＨＩＶ這一類病毒的時候，它就會隱藏起來，潛伏在身體裡，在長時間內不會有症候。有任何方法可以觀照這種情境嗎？它是以不同的形式或者領域存在嗎？

答：當你開始觀照、靜心的時候，你把更多的關注放在意識上，放在純意識的心靈上。它確實會增加你的抵抗力，並且摧毀那些患病的細胞。你需要長時間做定期的練習，憑著你全副的信心、愛和虔敬，這絕對是可能的。

注意你心靈中這個說「噢，ＨＩＶ陽性反應」的念頭，它只是你從某些分析醫生那裡聽到的名詞而已，你明白嗎？你越相信它在那裡，就越加確認了它存在於你的系統裡。你忽略了有關你是誰的美麗認知，忽略了意識的本質，忽略了意識對身體的影響力，把你的注意力擺在健康上，不要擺在疾病上。

我跟你們說過那位女士、醫生和腦瘤的事，醫生不相信這樣的療癒會發生在她身上，但她現在好了。生命形成的方式是一個很大的秘密，沒有人知道這一切是怎麼發生的，為什麼只有眼睛裡那些特別的細胞才能看到光？為什麼頭部的細胞不能？為什麼耳朵的細胞不能？沒有人知道。耳朵裡的特別細胞只能接收聲音，造化之中充滿了秘密，它是一個極大的秘密，它是一個無窮的秘密。

科學給你一個它無所不知的虛假觀念，我並不反對科學，可是人們往往只是一知半解而已。如果你問一位真正有資格的醫生，他會說：「我們不知道身體是如何運作、事情是如何發生的。」科學和醫學並不知道我們的心靈如何運作，我們不知道身體為什麼會有這樣的治療力，我們的教育只讓我們獲得一半的科學和知識，所以我們更相信醫藥，我們更相信這些不同的科學系統，我們更相信疾病的存在，我們更相信有形的身體而不是心靈。

我們必須謹記在心的是，造化之中充滿了神秘，任何一天都會冒出一個秘密來；二十年前，沒有人聽過ＨＩＶ這種東西。造化的秘密一個接著一個地展現出來。當你對整個現象感到詫異的時候，就要知道這是來自於意識的層面，來自於心靈的層面，來自於整個運作所發生的地方。了解意識的臨在以及它的神聖和奧秘，你就知道是什麼把喜悅帶進生命裡來的了。

在印度，我們把它叫做 "sat-chit-ananda" 三樣東西：真理、意識和喜悅，這是人的本性。你在這裡，這是真理，你意識到了嗎？你覺知到了嗎？這兩種品質——真理和意識，你知道你擁有它們。另一個是喜悅，你就是喜悅。如果你知道這兩種東西，如果你安住在內在深處的這兩種東西上，你就會知道你就是喜悅。

問：談談觀想的練習好嗎？例如，觀想身體裡有光，或者觀想疾病被摧毀了。你對這一類的練習有什麼看法？

答：不，這些過程並沒有任何深度的意義。它們就像蛋糕上的糖霜一樣，你可以偶而在蛋糕上加糖霜，不過你得要先有蛋糕，一個可以加糖霜的物質。如果你沒有蛋糕，只加糖霜是沒有用的。

問：當我們開始愛和彼此治療，或者自我治療的時候，我們有責任要展示給別人看嗎？

答：愛就是看不到「自他」的分別，當你在愛裡成長的時候，「他人」變成了你的一部分，然後，你就不認為你在做服務，你做任何事都是出自於愛。當我把你看成我的一部分的時候，那時候的我根本不認為我在替你服務，我為你做的任何事都是為自己做的。你就是我，我所做的不是為我自己，因為我們是一體的。

第五章

教室中的人類價值——給老師們的一席話

5

這一代的孩子需要我們培養他們更多助人的人性價值，
我們有責任。
今天的孩子會創造明天的社會，
教導人性價值不僅是我們的欲求，也是我們的義務。

教書是最好的行業之一，也是一個非常大的責任。身為一個老師，你必須樹立一個榜樣，因為孩子會很仔細地觀察你。孩子們的價值觀只有一半是來自於他們的父母親，另外一半則來自於他們的老師。孩子們觀察的機會比大人多，他們觀察並且模仿你做的每一件事；當你平靜從容的時候，他們觀察你，當你緊張，或者沒有微笑的時候，他們觀察你，模仿你。

你們也許注意過孩子如何模仿他們的母親，如果母親有一張嚴肅的臉孔，孩子的表情也就很嚴肅，如果母親微笑的話，孩子也開始微笑了。他們的行為模式有很大一部分決定於他們的父母，某些部分卻決定於他們的老師。

父母親也許只需要面對一、兩個孩子，可是老師卻得面對教室裡的一群孩子，那樣的情境帶來更大的考驗和壓力。你每天都需要讓自己處於中心幾次，才能處理那樣的情境。午餐之前，坐下來，讓自己平靜，讓自己深信你對每一件事正在受到妥善的照應，或者將會受到妥善的照應。

你被指派做一件你能力所及的工作，首先，你需要信任自己，如果你認為你在承擔一份非能力所及的任務，那麼你絕不能把你的工作處理好。你需要知道你所承擔的任務是適合你的，你會盡全力把它做好。你需要相當程度的耐心，每天找個時間，坐下來，放鬆自己，和大自然共處一會兒是很好的，開始定期地靜坐來增加你的能量，偶而做一、兩次深呼吸也有幫助。

基本的人類價值需要在教室裡受到鼓勵，基本上，孩子一出生就具備了這些價值，老師們需要在他們身上挖掘出來。孩子們的內在已經具備了這些價值。人類價值是什麼？慈悲、合作、友善、微笑、歡樂、輕快、助人、歸屬感和彼此關心，這些品質在孩子身上都有，它們需要受到滋養，需要被引發出來。老師經常需要解除孩子在家裡學到的一些模式或行為，孩子有時候會在學校裡交換彼此的模式，這一點需要老師加以注意。

老師們需要知道人類的生理結構，或者知道人性和原子結構非常類似。就像原子一樣，它的核心是正向的——質子，電子或負能在原子的周圍。你在孩子身上發現的任何負面行為都只是周圍而已，負面行為不是孩子的真正本性，憑著愛和關注，你就可以把孩子內在正面的人類價值引發出來。

這一點也可以用在叛逆的孩子身上，一個叛逆的孩子需要更多的肢體接觸，換句話說，一個叛逆的孩子需要更多鼓勵和拍撫。要讓孩子感覺他們被愛護、有歸屬，感覺你真正地關心他們。在另一方面，一個非常羞怯、退縮的孩子，你需要以堅定的態度讓他們站起來，表達自己；你的態度可以稍微強勢一些，不過老師在拿捏上要非常細膩才行，在給出愛的同時，也要配合堅定的態度才好。

我們經常看到人們反其道而行，我們對叛逆的孩子加以限制，對羞怯的孩子卻給予更多的拍撫。由於習慣了這種對待方式，他們就會維持原狀。我們給羞怯的孩子太多的拍撫，因此，他需要一些堅定和嚴格的態度；反之，一個叛逆的孩子卻需要我們給予更多的撫慰。

讓孩子參加活動性的遊戲也有幫助，不安定的孩子特別需要大量的運動。艾育吠陀醫學把人格分成三種類型：第一種類型是瓦塔（vata）。瓦塔型的孩子比較瘦小，而且非常不安定，他們學得快也忘得快，他們需要大量的運動來減少他們的瓦塔傾向。

第二種類型是皮塔（pitta）。皮塔型的孩子身材中等、穩定，而且學習敏銳，他們的記憶力好，但是脾氣不好。

第三種類型是卡發（kapha）。卡發型的孩子身體強壯，學習緩慢，但是一旦學過就不會忘記。每一種類型都需要不同的關注，通常只要憑著身材就可以判斷他們是哪一種類型了。

食物在孩子成長的過程中扮演了重要的角色，孩子通常都吃油膩、難消化的食物，這會使得他們在上課的時候注意力和記憶力降低，他們的注意力不在教室，學到的功課也記不起來。在課程設計的時候，最好不要把歷史排在午餐後的第一節課，午餐過後最好讓他們做一些不只是聽講的活動；吃過午餐之後，他們的傾聽能力減低了，如果硬要叫他們坐著聽課，他們會很容易打瞌睡。需要全副注意力的數學課或科學，最好排在午餐之前的上午。你們也不妨建議家長給孩子吃清淡的早餐。

孩子的教育應該是全面性的，而不只是一個用資訊填塞的過程，只是把孩子送到教室學一些功課，不算是教養小孩。我們必須看到完整發展的需要，因為身心是相互關聯的，由於身心的彼此關聯，所以我們給予身體什麼都會在心靈上反應出來，給予心靈什麼也會反應在身體上。心靈的暴力反應在身體和行動上。為了自己的身體和心靈，我們需要培養人類價值。以上就是你們開始建立人類價值的幾個基本原則。

前幾天，我很高興參加加拿大學校舉行的友誼獎頒獎典禮，這是非常好的做法，在班級裡最友善的孩子就可以得到獎品。我想他們是第一所設立這個獎項的學校，這對全世界所有的學校來說，都是一個非常好的計畫。孩子們被鼓勵要對全班同學友善，我通常都會問孩子：「你在班上有幾個朋友？」他們通常都說有四個、五個、三個或兩個，我會鼓勵他們，每天多交一個新朋友。

孩子通常都有自己的位子，然後每天就坐在那裡。我認為這樣非常不好，因為每天坐同一個位子會讓孩子執著在那個位子上，別的孩子如果坐在那個位子，他就會為了爭位子而打架。他們認定那個位子是「我的地盤」，他們不感覺自己擁有教室裡所有的位子，他們擁有的只是他們的位子，他們對那把椅子有很強的佔有感。

你可以叫他們每天坐不同的位子，每天坐在不同同學的隔壁。很小的孩子會這麼做，他們不想坐在同一個地方。老師是為了方便才訓練他們坐在同一個地方的，如此一來，孩子對所有的同學和位子就沒有歸屬感了，讓孩子每天坐在不同的位子和不同的同學隔坐，對孩子的成長比較好，但是對老師就有點困難了，因為他們不知道誰在哪裡，誰在做什麼。

同時，你還要把成績最好的孩子和最不聰明的孩子安排在一起，要他們幫助那個孩子。通常一個班級上聰明的孩子和不聰明、遲鈍的孩子會各自形成一個小團體，這對於教室氣氛的成長也是不健康的。一旦比較聰明的孩子開始與不聰明的孩子建立關係之後，他們會立刻在自己平常的朋友群之外發展出一份歸屬感，對別人也有更多的愛和關心。告訴他們：「你必須照顧這個孩子。」第一名的孩子必須照顧最後一名的孩子，和他相處、幫助他，這種做法真的有助於建立起人類價值的連繫。

另外，還要在孩子身上發展分享感，發展分享感的方法很多，我們在世界各地開辦的兒童全方位卓越訓練營（Art Excel）課程，就把這些原則都包括進來了。這個五天的兒童課程通常以夏令營的方式開辦，我們會教導孩子一些過程和練習來強化他們的價值觀，提升他們的自我感，我們在他們身上反覆灌輸非暴力的觀念。

這個課程讓他們產生了很大的差異，課程結束的時候，他們不再是原來的那個孩子了。如果你看到參加過兒童課程三、四個星期的孩子，你會發現他們始終都帶著微笑。有人羞辱他們的時候，他們微笑，當然，做父母的往往會感到有點困擾，因為孩子不在意他們的責罵。上過兒童課程之後，當父母對孩子生氣的時候，他們只會微笑著跟父母打招呼，然後，做父母的就沒辦法再板著臉孔了，因為他們也開始跟著孩子一起笑了。

舉例來說，假使有人受到了羞辱，通常會發生什麼事？在任何一個大型的孩子團體裡，都會有孩子傷害或羞辱別人的事。你不能期望一整個班級都是聽話的乖孩子，這一點連大人都做不到。我們教孩子：「如果有人羞辱你，你只要對他們微笑就好。」我們教孩子們微笑。「如果有人說，『你是一個笨蛋』，好吧，你怎麼做？平常你會想哭，現在你反而要微笑。」當他們這麼做的時候，他們就走出了制約式的反應了。

我們鼓勵孩子們做的另外一種方法就是跟羞辱你的人問好，那個羞辱你的人會突然之間感到一個轉換，「有個人在我羞辱他的時候跟我問好。」我們不跟羞辱我們的人生氣、吼叫，我們反而問候他，這就會創造出一種非暴力感，這在孩子身上會產生很大的變化，暴力的根源當下就被剷除了。

當年我在印度念書的時候，只要有人一談到槍，都會有一種羞愧感。每一個人都會譴責他：「他說槍。」今天人們對槍的羞愧感已經消失了。過去如果有人在教室裡喊叫或發脾氣的話，大家也都會看他。

這樣子發脾氣是不正常的，也會使那個人感到羞愧。社會已經自動化了，那些價值已經不見了。那時候的老師也是同樣的情形，老師一臉嚴肅地看著孩子是非常不正常的事情，因為學生對老師有那麼多的尊敬，老師對學生也有那麼多的愛，對學生的愛連繫著師生之間的情感。當時的教室裡有一個傳統，學生每天或每星期都要送一樣東西給老師，一朵花、一個水果或自己家裡做的一顆糖，每一間教室裡都有一張擺滿了花的桌子。我認為很多文化裡都有這個傳統。

這些價值、這些習慣現在已經不存在了。為了恢復這些價值，我們也許要用學校之外的課程教育孩子，讓老師把這些傳統當做新規定一樣，強加在孩子身上是沒有用的，還要有人教育家長和孩子如何更加尊敬老師。我們能做的方法就是舉辦夏令營，如果由別人在夏令營裡照顧孩子，就可以把新觀念、新價值教給他們；我們必須教導孩子和成人一份歸屬感，和自己的父親、朋友和老師有一份私情和連繫是一件多麼棒的事情。

學生常常會對自己的老師感到自傲，那份與老師之間的歸屬感和師生間的連繫感就可以建立起來了。如果這些不重要的話，學生只要從電腦裡學習就行了，根本不需要有人來教。我們為什麼需要一位老師在教室裡呢？孩子只要按任何一個鍵盤就可以得到他們需要的資訊了。老師的在場是為了創造人性的接觸，這就是我們需要在教室裡維持和發展的，並且以能力所及的方式，推動這種人性的接觸和連繫。

問：我是輪班制的老師，一星期只能見到同一批學生一個小時。由於時間的間隔和上課時數太短，我很難和學生建立一份連繫感。

答：重要的不是時間的長短，而是時間的品質，我有時候一年只和學生見面兩天，這就綽綽有餘了，因為我們要的是高品質的時間。無論你們有多少時間，跟他們建立一種個人式的連繫，給他們每個人指定一些功課或練習去做，下次他們再來的時候，你就要給予關心。身為一個老師，你必須指出他們的錯誤，但又不能讓他們感到愧疚，這是一種技巧，如果你讓他們感到愧疚的話，他們就會跟你為敵，至少他們會認為你是他們的敵人。你要讓他們覺知到自己的錯誤，這真的是一件非常不容易的技巧，你既要讓他們覺知到自己的錯誤，又不能讓他們有愧疚感，這就可以創造出一份歸屬感了。當你們之間有一份歸屬感的時候，你就能夠在不創造愧疚感的情況下，說出他們的錯誤了，那麼孩子就可以感受到愛了。

你為什麼要把別人的錯誤告訴他們？因為你愛他們，你不會對街上的陌生人說出他們的錯誤，對那些你沒有感到愛的人，你關心的程度不足以讓你說出他們的錯誤。你想指出一個人的錯誤，是因為你對他有感覺，想幫助他。如果他們不了解的話，你必須用一種他們能了解又沒有愧疚的方式說出來。

問：為了創造一個最好的學習環境，一位老師必須具備的重要人性品質是什麼？

答：歸屬感、一個微笑。不過你不要期望會有一個理想的環境，這並不是每天都有可能的事。

問：老師需要激勵學生的最重要層面是什麼？

答：鼓勵他們要有夢和幻想。講故事來激勵他們，給他們努力以赴的理想和做為生活依據的道德價值。當他們的前面有理想的時候，他們就有一個角色模範了。這種做法有利也有弊，往往當一個人把某人理想化的時候，他們認為自己不可能達到那樣的成就，他們認為太困難，或者他們不具備那樣的能力，這變成讓他們逃避朝向目標努力的藉口。

敬拜有助於克服這一點，在這一層意義下，敬拜意味著心懷感恩的理想化。敬拜是表達感恩之情，它是一種可以豐富你生命的好品質，它顯示了你對自己的意識有一份擴展的覺知。

只有理想化會讓你脫離現實，可是沒有理想又會讓你沮喪，讓你在黑暗之中摸索。今天學校裡的孩子因為沒有理想，沒有角色模範，而經常感到沮喪。如果你無法認同一個理想，你就無法前進；他們不認為自己的父母和長輩具備值得他們理想化的品質。就像河流需要一個方向才能流動一樣，生命需要一個方向才能前進。

小孩子和青少年都會尋找一個理想化的人物，這樣的人經常是名人——搖滾明星、電影明星、棒球明星和其他類似的人物，他們在MTV上面尋找他們的角色模範。除非你有一個足以仰望的理想，否則你的生命不會前進，這種尋找是人類的自然傾向，而且這其中既有優點也有缺點。

老師可以做為學生的活榜樣，這並不是說老師要找一些學生來崇拜他們，一個值得崇拜的人並不在意別人的崇拜與否。別人需要看到你不僅教導人性價值，而且也活出這些價值。你們有時候難免會受到學生的崇拜，不過最好是讓學生有一個角色模範或一個目標，如此一來，他們內在的品質才會因此而開顯出來。

敬拜意味著你從內心裡感受到一些什麼，而這種感恩、愛、信心和信任的深處情感想要表達出來，能表達這種感恩之情是好的。人和人之間如果缺乏了尊敬和彼此的關懷，這個世界並不是一個值得我們居住的好地方。今天我們需要做的就是把人們內在的感恩之情、對人的尊敬、對彼此的崇拜之情和對每個人的崇拜之情引發出來。

許多年來，崇拜的精神在西方的發展令人洩氣，這種現象也擴展到東方世界了，我們不但不停止崇拜，反而要加以提倡。由於我們已經停止對人的仰慕，停止對人的尊敬，所以導致了社會中更多的暴力，想像一下，所有攜槍帶械、四處出沒的人，如果他們心裡對身邊的人懷有一些尊敬、一些崇拜和敬意的話，他們就會不同，就會是完全不一樣的人了。

人們選擇敬拜什麼並不重要，無論是一棵樹、一個十字架、這個人或那個象徵，都不重要，重要的是那一份敬拜之情，就算是一位搖滾明星也無所謂，只不過那一份敬拜之情必須真正地發自內心。這一點很重要，不要打擊人們對其他人的崇拜、尊敬和仰慕。

東方的傳統是讓孩子每天像神明一樣敬拜自己的母親，接著是父親、古儒和家裡的客人。孩子也許在白天頂撞過父母，不過他們在第二天早上就要彌補，因為他們在一天的開始都要跟父母鞠躬致意。如果他們又頂撞了父母，至少他們還要再重新開始。

生命有許多不同的色彩，我們必須接受生命所有的色彩和味道。今天我們需要教育人們懷有更多的仰慕、敬拜和感恩之情。不要對敬拜心懷恐慌，相反地，你們應該對暴力、無知、虐待的行為、褻瀆的語言、忿怒、挫折，心懷恐慌才對，而不是敬拜、感恩、愛和讚美。

問：我們害怕犯錯的心理是在哪裡學到的？

答：有許多人不害怕犯錯，許多學生不害怕退學，去加入暴力行動。最近的統計顯示，北美地區有百分之三十的學生訴諸於某種形式的暴力，這是一個相當大的比例。他們之所以訴諸暴力是因為他們不害怕犯錯，那些會害怕犯錯，對冒險沒有興趣，會避之唯恐不及的，一定也佔了百分之三十。

理想的做法就是取得一個平衡，我們之所以害怕犯錯是因為它的後果，因為我們認為自己會受到懲罰，或者犯錯會有嚴重的後果。常見的情形是，那些經過幾次懲罰的人已經不害怕犯錯了。

你們無法完全消除恐懼，也不應該這麼做。恐懼就像食物裡的鹽一樣，它讓人有警戒心，恐懼讓你腳踏實地。不過恐懼的重要性也僅限於某一程度而已，就像食物裡的鹽一樣，如果鹽放太多，食物就不能吃了，可是沒有鹽的食物又不能吃，一點點的恐懼對成長是重要的。

大自然把我們塑造成這樣，你開車靠右邊，因為你恐懼會發生意外，你在人行道上行走，你只在綠燈亮的時候才通過路口，這些行為都是出於恐懼而來的。如果你毫無恐懼的話，就會無所不為，觸犯所有的法律，緊跟著法律而來的就是一點點的恐懼之心。這不是一件壞事，可是如果恐懼太多的話，對我們就沒有幫助了，像在食物放一點鹽一樣，你必須保有一點恐懼之心。

問：一個人的動機可以被教導嗎？

答：動機來自於外界，啟發來自於內在，你可以引發一個人的動機，可是那個動機是短暫的。你也許要用獎品來引發一個人的動機，不過這種動機不會持久，而啟發卻可以延續一個人的一生。

問：我教學生的時候，大部分的時候都在處理他們的行為。他們說這些行為是可接受的，我卻發現這些行為很低級，他們的語言也不堪入耳。

答：這一類孩子如果多從事一些肢體活動，他們的忿怒或者語言的濫用就會減輕一些。你會發現那些參加很多體育活動、做很多肢體遊戲的孩子，他們不會濫用語言，問題就在於孩子玩太多不需要肢體活動的軟性遊戲了，這樣的孩子比較會濫用語言。這是其一。

當你處理孩子的語言傷害，他們對你表現不尊敬的時候，你可以模仿他們，你讓他們看到「這就是你的所作所為，這樣好看嗎？」他們馬上就知道自己不喜歡自己的行為，而且會停止這樣的行為。模仿他們，或者在其中創造一種趣味感，這時候，玩一場遊戲就會讓每個人都笑出來。然後會發生什麼事呢？如果有一個學生表現不尊敬的行為，你不但不罵他，不責備他不應該這麼做，反而用幽默的方式，讓所有的學生跟著笑。那麼原本會緊張不愉快的氣氛就變成一場遊戲或玩笑了。

接著，你就要馬上叫停，你現在更有喊停的能力了，你會發現整個團體的孩子都會對你說「是」。現在他們會回到你身邊了。

否則的話，如果你責罵那個孩子，把那個孩子隔離，班上其他同學就會跑到他那邊，他們不和老師站在一起。你要隨時跟大家站在一起，並且模仿那個孩子，憑著一份幽默感，你就能把整個氣氛營造得對你有利了，這是處理班級的技巧。你會發現所有的孩子都跟你站在一起，因為他們都加入這一場笑鬧裡，幽默是唯一一個可以變不尊敬為尊敬的轉捩點，任何其他的忠告或智慧都沒有用。

跟大人玩遊戲反而會弄巧成拙，如果有人表現不尊敬，你想把事情弄得更有趣，反而更惹人厭煩。跟大人在一起，你不能以老師自居，對大人，沉默是金，你只要保持沉默就好。他們如何能夠不尊敬你？對沒有敬意的人不做反應，他們就會自取其辱，對孩子，沉默就沒有用了。

對一些非常頑劣的孩子而言，幽默是沒有用的，這時候，你就要以行動代替反應，你可以用沉默來表示一點漠視的態度，不要給他關注。如果這一招還是沒有用的話，那就拉高你的嗓門，你處於中心的程度越大，你跨越那個點的可能性就越低。

問：如果孩子有了行為問題，而其他的孩子都迴避他的時候，你怎麼處理？

答：叫所有的孩子坐成一個圓圈，叫那個有行為問題的孩子坐在中央，再叫每一個孩子都過來跟他握手或跳舞，或者為他寫一張卡片。如果老師能夠像跟自己的朋友聊問題一樣，站在同樣的立場，跟其他的孩子談談，問他們有什麼辦法可以幫助這個孩子，這樣也會引發出孩子們心中的慈悲。

告訴他們那個遭人迴避的孩子並不會感覺很好，請他們幫你的忙，跟那個孩子說話，送朵花或者什麼的，這麼做也會讓那些幫忙的孩子因為幫助別人而有一份驕傲感。一個需要幫助的孩子也許不會聽老師的話，但是他們會接受一個朋友的忠告。

那個給予教導或提出忠告的朋友，也會因為自己做了一件重要的事情而自感重要。這個過程讓助人者與被助者都得到了提升，這就好像是同儕的輔導一樣，既輔導了功課，也輔導了行為。

這一代的孩子需要我們培養他們更多助人的人性價值，我們有責任，今天的孩子會創造明天的社會，教導人性價值不僅是我們的欲求，也是我們的義務。

當今的社會已經在孩子心中種下了暴力的種子，他們玩的每一種玩具和遊戲都充斥著暴力，那樣的暴力已經烙印在他們的系統裡了。我認為現今的玩具和遊戲是非常醜陋的，因為它們在孩子的系統裡創造了暴力，孩子們感受不到內在的精緻品質。電視已經讓孩子對暴力無動於衷了，電影，甚至於卡通都是暴力的，人人都在互相對抗、爭執和打鬥，要置對方於死地。

這些暴力都儲存在孩子的意識和潛意識心靈裡，我們看不到團結和融洽，只有暴力。這並不是說社會上不應該有打摔的事件，而是太多這一類的影響會在孩子的心靈裡創造出微妙的、無意識的張力。當孩子長到十歲、十五歲的時候，你就可以在他們臉上看到這種張力了，他們不再像充滿喜悅和至福的泡泡，他們的內在似乎被緊緊地壓縮了。

我們必須做點什麼，創造一個讓他們成長的氣氛是極其重要的。現在的社會，非暴力的教誨完全消失不見了。跟他們說耶穌、佛陀的故事，說慈悲和服務的故事，這麼做會有效果的。我記得小時候抓蝴蝶的時候，我們會說：「你瞧，這隻蝴蝶有生命，牠像人一樣，牠會窒息，也會哭。」孩子會在每一隻動物身上看到生命和情感，這是自然的事。

大象會說話，熊會說話，蜜蜂也會說話，在牠們身上認知出牠們本具的生命，世界各地的任何一個孩子，都會在所有物種身上看到生命和情感。我們小時候，大人會告誡我們：「如果你殺死一隻蜥蜴，你就會投胎當蜥蜴。」殺生是一件非常敏感的議題，如果你砍殺了一棵樹，你就要在同一個地方種五棵樹，如果你不這麼做，這件事就會在你的生命中製造問題，當時存在著這樣的信念系統。

教室是灌輸這些價值的好地方，因為孩子有很多時間都是在教室裡度過的。老師應該說一些非暴力的故事啟發他們，並且告訴他們暴力是一種恥辱，慈悲是尊嚴的象徵，這樣才能真正地引發出改變。藉著引發出更多正面的、啟發性的人性價值，創造一種對暴力的厭惡感，教導孩子崇敬、尊重生命；如果你教導他們對蝴蝶有一份敏銳的心，他們對所有生命的尊敬之心就會成長。

給孩子一個更寬廣的分享視野，鼓勵他們把自己所有的跟所有人分享。很小的孩子常有一種緊抓住東西不放的傾向，我們要在他們很小的時候就訓練他們養成分享的習慣，給孩子一籃糖果，再要求他們分送給大家。分享是一種自然的傾向，我們必須注意在孩子身上滋養並維持這種習慣。

第六章

業力與輪迴

6

未來要發生的事永遠不會是固定不變的，
未來始終充滿了可能性，
使未來充滿可能性的是含有自由運作的達瑪——人的本質。

宇宙中的每一個物體都秉賦了四種特質，這四種特質是達瑪（dharma）、業力（karma）、普利瑪（prema）和吉雅那（gyana）。

達瑪的意思是本質，任何事物，無論有生命或無生命，都有它的本質。猴子有猴子的本質，人類有人類的本質，同樣的情況，金屬有金屬的本質，鋁和銅也都有它們的本質，生命或物體的本質就叫做達瑪。

除了本質之外，伴隨著生物或無生物而來的是它特有的活動，我們稱這種活動為業力。

第三個特質是普利瑪，也就是愛的意思。造化中的每一個分子都有愛，愛是吸引力，愛含有吸收和黏附性，是凝聚在一起的意思。原子透過吸引力而形成分子，分子彼此吸引而形成物體。我們基於原子或分子的組合而能辨識物質。有一個力量把不同的部分聚合在一起，我們稱這種力量是愛或普利瑪。愛普遍存在於整個宇宙之中，宇宙因為有愛，物種的繁衍才會發生；宇宙因為有愛，星球會在軌道上運行，太陽會發光，天空中佈滿了星體。每一個原子都有愛，這也是電子會繞著有電能分子運轉的原因，這種具有吸引力的電能、存在於整個造化裡的電能是一種能量，是愛。

第四種是吉雅那。你正在閱讀，閱讀的人是誰？知道有個人在閱讀的是誰？我們的身體裡了知這一切活動的是什麼？是意識，這一份了知也存在於造化中的每一個分子裡。我們怎麼知道呢？只是透過頭腦或感官知道的嗎？不是，我們整個身體都有知道的能力，心靈不只是在頭腦裡，它遍佈在我們整個身體裡。

即使在睡眠裡，我們也有知道的能力，例如，有一群人在宿舍裡睡覺，有一個人進來喊一個名字，只有名字被叫到的人才會醒過來。當然，如果你叫得很大聲，每一個人都會被你吵醒，可是如果你輕輕地叫，只有被你叫到的人才會醒過來。知道的能力遍存在我們整個意識裡，而意識遍存於我們的身體，並且超越身體，這就是吉雅那，對智能或存在的智能的一份了知。

有一種叫做含羞草的植物，當你靠近它的時候，它就會把葉子闔起來，即使你沒有碰到它。植物有感覺，它們知道。同樣的情形，動物也有牠們知道的程度，狗可以感覺到要接近的人或物，鳥可以感覺要發生的事情，地震發生前的幾個小時，你會聽到小鳥成群地發出叫聲。

造化中的萬物都具有不同程度的了知，了知就像愛一樣，有程度上的差異。你看過一隻狗能展現多少的愛嗎？假設你出門幾個小時之後回家，你家的狗就像發瘋一樣在沙發上，在你的身邊跳來跳去。牠想把所有的愛一股腦地表達出來送給你，牠不會說「我非常愛你，沒有你，我活不下去。」但是在那一刻，牠恨不得把最深處的愛都傾洩出來。你花園裡的植物和樹也用相同的方式流露出它們的愛，它們也在向你表達愛。

你可以在家裡用植物做個實驗，找一株特定的植物，跟它同在；你不必說什麼或寫信給它，只要靠近那棵植物，置身在它的空間裡，你會發現那棵植物長得比其他植物茂盛。如果你有一份意念要那棵樹早點開花，它真的會開花！有些人看到我們靜心和唱頌的地方，那些鮮花往往一整個月不凋謝，都覺得很驚訝。也有許多人提出這一類的研究報告，這只不過是自然法則罷了。愛是整體——自然的一部分，愛是我們賴以生存的微妙能量。

存在中的萬事萬物都具有的了知或認知，就是我們說的第四種特質——吉雅那。

業力是這四種特質中最廣為人知，也是人們最了解的一個特質。業力的字面意義就是行動，又分為三種：帕拉達（prarabhda）、山屈達（sanchita）和阿嘎米（agami）。有些業力可以改變，有些是不能改變的。

帕拉達的意思是已經開始了，指那些已經顯化的行動，那些現在已經結果，已經產生效果的業力。這是一種不能躲避，也不能改變的業力，因為它已經發生了。

山屈達是「聚集」或「堆積」的業力，這種業力是潛藏的或者一種行為的傾向。心靈中的傾向是一種潛藏的行動，它仍然是行動的一種，不過它是潛藏的，就像我們的記憶一樣。記憶可以現在運作，也可以潛藏著。我們可以透過靈修，在山屈達業力顯化以前，把它燒盡或加以改變。心靈中的強烈印象會保留下來並形成未來的業力。

阿嘎米的字義是「沒有來」，阿嘎米業力是還沒有來，但會在未來發生效果的業力。如果你犯了罪，也許沒有被逮捕，但是你卻得活在有朝一日會被繩之以法的可能性裡。這就是阿嘎米業力，行動所產生的未來業力。

每一個習慣都是一種業力，如果你習慣每天早上喝咖啡，只要一天沒喝，你就會頭痛，我們可以說這是你的咖啡業力。你可以繼續喝咖啡讓頭痛延遲發生，或者停止喝咖啡，觀照你的反應，透過有步驟的行動消除你未來的咖啡業力。也許你會有幾天的頭痛，你可以服用泰諾（Tylenol）止痛藥、做運動、靜心或者呼吸練習。

覺察我們內在的傾向有助於我們克服這個傾向，或者透過經驗這個傾向來克服它，這就是阿嘎米——認知、覺知開始作用的時候。認知並不代表資訊性的知識，認知在這裡指的是覺知，一份了知感。當你增加了知感的時候，業力就減少了。

動物只有帕拉達業力，也就是說，牠們只有那種無法控制的業力，牠們不會聚積未來的業力。如果你完全像動物，你就不會聚積任何業力，這對人類來說是不可能的，因為我們的心靈會進入這些印象裡。

輪迴是再回到身體裡的意思，我們的心靈是能量，物理學中的熱力學定律主張能量是不能毀滅的。如果心靈是能量，那麼人死後，這個能量發生了什麼變化？死亡幾乎像睡眠一樣，你睡覺的時候發生些什麼事？最諷刺的就是，我們每晚都要睡覺，可是我們從來沒有跟睡眠相遇過，如果我們遇見自己的睡眠，如果我們了解睡眠，我們就會了解死亡。

睡眠的時候，你的整個意識、你的心靈，會不斷地收縮，接著，它們就一一地關閉外界的經驗，進入一個空無，一個空間。那麼，你早晨又是如何醒來的呢？收縮的同樣能量、同樣意識開始擴展、打開，接著你就醒了。如果你仔細地觀察這個機制就會發現，你睡前的最後一個念頭變成了你醒後的第一個念頭。

以上的說明讓你對輪迴有一個可以了解的線索。充滿不同印象的心靈離開了身體，但是印象卻留在心靈裡，等待一個適當的情境，讓心靈再回到一具新的身體裡。交媾發生後，子宮的結構發展到適當的情況，它就會把那個心靈拉進來，接著，一個孩子就誕生了。心靈獲得了肉身。所以說，人死前的最後一個思想最重要，無論你這一生做了什麼，至少在臨終的那一刻，你的心靈應該是自由和快樂的。如果你在離開肉身的最後一刻是快樂的，你下一次就會得到一具好的肉身。

一旦有過人身以後，幾乎不可能再輪迴到動物的身體裡。這種事會發生，但機率極少。如果有人在臨終最後一刻一直想著動物，他就會以那樣的形式出生，這是因為心靈的最後一個印象是最強有力的一個印象，心靈會為了下一次投胎而製造出這樣的環境。

許多文化在傳統上都會用父親或祖父的名字替孩子或孫子命名。人過世的時候，心靈中最強烈的印象就是自己的孩子或孫子，許多家庭的孩子和孫子都從事和父親或祖父同樣的行業。

這種情形在關係密切的家庭裡更常見，孩子和父親雖然有幾十年的時代差距，但他們的舉止行為卻和自己的父親一樣。這種事情之所以最常見，是因為孩子是祖父臨終時最強烈的印象，最強烈的印象就會創造出這樣的業力出來。每一個印象都是業力，我們不需要為這個擔心，因為業力是流動而非死硬不變的定規。臨終時的最後一個念頭之所以如此重要，是因為這個念頭會變成很深的印象。例如，不是每一個在戰場上戰死的人都會有同樣的生命，這是不可能的，這其中有很多差異和變數，是一個非常複雜的過程。

業力始終都受著時間的限制，因為每一個行為的反應都是有限而非無限的；假如有人因為犯罪入獄，那麼他坐牢的時間就是有限的，五年、十年或二十年，他要在牢裡關一定的時間。同樣的情形，每一個業力無論好壞，它的效果也有一定的範圍。如果你對別人做了一件好事，他們就會感謝你，只要他們經驗到那個好處，他們就會感恩你。業力是推動輪迴的力量，印象越強烈，人的下一世就越容易預測。

有一樣東西可以袪除業力：自我覺知，認知。如果你處於完全的愛、完全的認知和完全的自我覺知裡，你就擺脫了業力。佛陀和所有古代的先知都是這麼說的。你有機會了脫生死的循環，你可以決定去那裡玩一段時間以後再回來，你不再受制於印象了，你自由了。

獄卒和犯人就是最好的例子，犯人關在牢裡，獄卒也關在牢裡，獄卒有進出監獄和做事的自由，犯人卻沒有，讓你擁有這種自由的是你的覺知。

同樣的道理，人的癮頭也只不過是意識裡非常強烈的印象罷了，無論酗酒、性、藥物或任何癮頭，都是一種強迫性行為，也是業力的一部分，業力是有限的。造化的功能不是直線的，它是多次元的。真理不是直線的，它是多次元的；真理是一個球體，在球體裡每一個點都連接著其他點，如果是一條直線的話，一個點只能連接一前一後的兩個點，在球體裡，一個點可以從三百六十度的方向連接所有的邊，這也是克里希那在《薄伽梵歌》裡說「業力運作的方式深不可測」的原因。

業力有很多種類型：個人業力、近親業力和社會業力。時間也有自己的業力，墜機事件發生的時候，所有相同業力的人會在同一天搭那一班飛機，不屬於那個業力的人就會躲過那場意外，雖然飛機墜毀了，他們還是會平安地逃出來。有許多奇蹟式存活的故事，有的人業力相同，但他們的生命沒有結束，他們活了下來。在較深的層面，我們無法指定哪一種業力一定會帶來哪一種後果，這麼做幾乎是不可能的，因為業力牽涉的層面太廣了。

三種不同的業力中，山屈達是我們前世帶來的業力，帕拉達是現在已經結果的業力，阿嘎米是在未來會發生的業力。山屈達是我們儲存的傾向，這是可以燒燬的業力，我們可以袪除這種業力，靈修、祈禱、服務、愛身邊的人和靜心都有助於消除我們已經獲得、並由前一世帶來的山屈達業力。

帕拉達，現在已經結果的業力，是我們必須要經歷的。它一直都在運作，就好像你人坐在車裡，而車子正在高速公路上行駛一樣。你不能在高速公路上停車，你必須把車開到路肩上才能停止；你可以選擇變換車道，但是過了交流道之後，你只能繼續前進，沒有別的選擇。在高速公路上錯過了一個交流道，你只能開到另一個交流道。你可以變換車道，選擇快車道或慢車道。

你有自由，但就另一個意義來說，你又沒有自由，在帕拉達業力中，你既有自由也沒有自由，無論是什麼業力，我們都必須經歷它。

第三種業力是可能在未來產生的阿嘎米業力，如果你今天觸犯了自然律，那麼你必須在未來經驗它的後果，例如，你禁食了三天，如果在第四天吃了一些薯條，你就會感覺不舒服，這就是阿嘎米業力。我們在知情和不知情的狀況下創造了未來的業力，我們必須要經驗這些業力的後果。

有人會問：「為什麼好人會發生不好的事情？」你今天是個好人，但是你不知道你在過去世做了些什麼。要怎麼收穫先怎麼栽，我們在過去世的所作所為都會在未來結果。我們把今天的業力處理好了，也許以後就不會再受到它們的困擾，每一個業力的結果都有一定的範圍。

我們由前世帶來的山屈達業力會給我們的現世帶來五種事物：出生，我們的出生地和父母；教育，你的教育程度和獲得知識的多寡；財富和財富的來源、壽命和死亡的模式。這五種事物是由我們前世帶來的山屈達業力所註定的。

我們這一世擁有多少財富，我們的覺知能成長到什麼程度，我們的婚姻、子女和職業都是帕拉達業力、山屈達業力和阿嘎米業力。你現在獲得的會成為你未來的業力，你擁有某種程度的行動自由，你也獲得更多的業力。你的命運是註定的，這是你無法改變的，你無法控制自己的出生，這是已經發生的事，正在結的果。

一般來說，我們可以用這樣的方式了解業力，但其中還是有一些可能性，未來要發生的事永遠不會是固定不變的，未來始終充滿了可能性，使未來充滿可能性的是含有自由運作的達瑪——人的本質，第二個因素是普利瑪——本質的愛。我以前說過，愛是整個造化的共同因素，整個造化中都瀰漫著愛，你與這一份愛的連繫讓你超越了生死。

我們常說：「不要恨任何人！」你們知道為什麼說不要恨任何人嗎？當你恨一個人的時候，那個人的印象就在你的心靈裡變得強烈，你就會變得和那個人一樣，不要憎恨並不是為了對方著想，你的憎恨讓你變得跟對方一樣。同樣地，你也會變得跟你愛的人一樣，因為愛和恨本質上是同一件事，恨是愛的反面，恨是愛的扭曲。透過認知，透過覺知，你就能夠超越愛和恨。

我們也可以換個角度來看現實世界，地球上一共有六十億人口，每一秒鐘就有六十億個念頭累積，這就好像打開汽水瓶，所有的氣泡都一湧而出一樣，思想的泡泡從每一個身體裡冒出來。宇宙意識只有一個，但它的風味卻千變萬化，每一秒鐘就有六十億個念頭冒出來，這些念頭來來去去不會停留，接著又有六十億個新的念頭出來；有些念頭是中國的，有些是英國的、法國的、印度的，還有其他語言的，不同的語言、不同的情感和不同的顏色都在這一刻裡發生。每一個時刻都有它自己的心靈，在這一刻裡，這麼多的念頭就像海洋裡的波浪一樣消失不見。我們為什麼要這麼重視別人說些什麼，包括我現在說的話在內？

我們要超越概念的限制，進入一個超越文字、超越愛恨對立的實相裡。超越恨的才是真愛，這就是認知，就是吉雅那。所有的業力都會在吉雅那、認知和覺知裡溶解，覺知具有溶解和摧毀任何業力的力量，覺知讓你自由，它帶給你內在的自由。因為你和神、和整個存在都是一體的，你無時無刻都活在那裡面。

問：我們在輪迴之間會達到宇宙意識嗎？我們會覺知到每一件事嗎？或者我們會在某一層面，想再回到世間繼續學習嗎？

答：兩種可能性都有，兩次輪迴之間只有休息，不會有學習發生。

問：我患了癌症，也在讀一些有關死亡的書籍，《西藏生死書》給我很大的震撼，我擔心那些事會發生在我身上，我很害怕，沒有看完那本書。我也讀到有人死在手術檯上，結果發生了美妙的經驗之後，就不想再回到世間了。你能給我一點幫忙嗎？

答：不用擔心，那一類的事情不會發生，你不會在地獄裡下油鍋，你不會像炸雞一樣受油炸之苦。死亡根本不可怕，死亡是一個深度的休息，那是一個讓你獲得深度休息的美麗空間。只有自殺者的靈魂才會有不舒服的感覺，因為自殺的人是在做一件很愚蠢的事。

假設一個人心中有忿恨，卻又不知道如何化解心中的忿恨，於是他就摧毀自己的身體，摧毀身體並不能化解心中的忿恨，那個人會懷著更多的忿恨離開世間。在這種情況下，靜心、祈禱、唱頌和處在愛裡都有幫助，總而言之，忿恨也不會永遠留在那個人的心裡，忿恨會停留很長一段時間，但不會永遠停留。自殺就好像在你感覺冷的時候，還要把身上的夾克脫掉一樣，你會感覺更冷。除此之外，死亡沒有什麼好擔心的。

問：我姊姊又漂亮又可愛，有一次過馬路的時候被車子撞死了，發生車禍的時候，她喝醉了，她是個酒鬼，她的兒子在二十歲的年紀也因為酒駕死於車禍。我想知道一個酗酒的人死亡的時候會很苦嗎？

答：很難說會有，各種可能性都有，每一個案例都不一樣。有一件事是我們可以確定的：生命中沒有任何事是苦的，你認為苦的事情裡也有幫助你的愛和力量。愛和力量始終都在，神的力量始終都在每一種情境下保護你，所以我才會說宇宙裡除了業力之外還有愛，知道這一點讓我們如釋重負。

問：當我們消掉所有業力的時候，是不是就可以了斷生死，不再輪迴了？我們就達到了至高的覺識。

答：是的，不過你有回來的自由，而且你會回來，只有在你害怕這個世間的時候，你才會選擇不回來。當你知道世間只是一個遊樂場的時候，你會想要回來幫助世人，你絕對會回來的。

問：天堂和地獄是什麼樣的概念？

答：地獄是心靈中所有不愉快的印象，意識中那些痛苦的印象就是地獄。天堂是心靈和意識中所有愉快的印象。人死後並不會被帶到一個月亮之外的地方或其他地方，然後像一隻雞一樣被剁被炸，沒有，沒有這樣一個地方。地獄唯心造。

問：你說人類很少輪迴為動物的，那麼動物會輪迴為人嗎？

答：是的，動物絕對會輪迴為人。如果你觀察偏遠地區的部落，會發現他們是非常純真的人，他們幾乎沒有手紋，或者手紋很少。他們沒有忿怒、生氣、嫉妒或貪婪的情緒，這是一個令人詫異的現象，他們的意識品質和心靈非常不同，他們就像動物界或植物界裡剛誕生的生命一樣。

同樣地，動物內在的恐懼左右了牠的來世，老鼠始終都會輪迴成貓，因為老鼠怕貓；蛇輪迴為貓鼬，因為恐懼形成最大、最深的印象，所以靈魂就採取那個肉身。如果一隻野獸被老虎或獅子殺死，或者受到驚嚇，牠就會輪迴成老虎或獅子，但老虎或獅子通常都是從背後偷襲獵物的，被殺死的動物不知道是老虎或獅子殺了牠。這就是老虎或獅子的數量不會很多的原因，這些事非常有趣。

問：我周遭很多人都在恐懼和憎恨裡受苦，他們想超越恐懼和憎恨，想要去愛，卻苦於沒有工具或能力。你能談談有什麼得到真愛的簡單方法嗎？

答：負面的情緒一定會升起，恐懼、憎恨、嫉妒是生命中必然會發生的事。通常我們都不知道如何處理或擺脫這些情緒，你可以等待，讓時間把你從這些情緒中解放出來。經過一段時間之後，這些情緒一定會減少，時間絕對會減少這一類的負面情緒，但是學校和家庭都沒有教導我們如何擺脫這類情緒。呼吸的價值和秘密就在這裡，如果你透過情緒呼吸，會發現你能夠把情緒完全擺脫掉；呼吸是最有威力的一個工具，因為呼吸是連接心靈、情緒、身體和智能的橋樑。第二種方法是透過靜心，這種方法是知道整個造化完全是由愛創造的；安住在一份覺知裡，知道這一切只是情緒的漣漪，它們來去不居。這一切都會透過深度的呼吸而發生。

問：人有沒有可能長生不死，不要離開這一具肉身？我想知道你的看法。

答：你必須提出一些證據，才能思考長生不死這個問題，但是你找不到證據，佛陀死了，克里希那死了，所有談過長生不死的人也都死了。你可以猜測有這個可能，不過，你也只是在心裡製造一個概念罷了。我的確知道人可以活得很長壽，甚至活到幾百歲，我遇過三、四百歲的人瑞，有一位先生在四、五年前過世，他就活了四百歲。他住的鎮上有一位祖父，每天看到他都是同一個樣子，這位祖父的祖父也告訴他這個人瑞的事。這位祖父是印度南方一個叫做普拉奇的村子裡的上師，他有一卷這個人瑞的錄影帶。人瑞會說一種非常古老的語言，沒有人聽得懂，村民把他當做聖人，請求他的賜福。可是連他也死了，我們根本沒有長生不死的證據。

問：我有兩個問題，第一個，神是誰創造的？第二個，誰教導神？

答：你先告訴我球體從哪裡開始，我就回答這個問題。一個球的起點在哪裡？這是一個問題，球沒有起點，也沒有終點，它只是存在而已。如果神是創造出來的，那麼就不是神了。神是什麼？G—O—D，創造者（generator）、操作者（operator）和毀滅者（destroyer）。這位G—O—D是什麼？神是無所不在的一個力量，就像空間一樣，無始無終，空間的終點在哪裡？

你可以在《奧義書》（Upanishads）裡找到有關神的最寶貴知識，《奧義書》以優美的語句說「空間就是神」，眾生萬物都是在空間裡誕生的，它們存在於空間，也消失在空間。神有四種特性：真理（satyam），真理就是能量、力量的意思；知（gyanam），在無限中的一份明白；無限（anantam），不要問我無限的終點在哪裡，有終點的就不是無限了。無限、知、真理和能量就是神，這也是創造你的成分。你的身體是有限的，但意識卻是無限的，閉上眼睛，看看你的無限，你的心靈是沒有終止的，你的心靈不會由這裡開始，再到那裡結束，它是無始無終的。

問：你曾經談過如何覺察自己的傾向，例如抽菸的問題，我們如何透過覺察來戒除這個習慣？它的原理是什麼？

答：最簡單的方法就是做一個定期的宣誓，不要說「我一輩子都不抽菸」，你要說「好吧，不管發生什麼事，我決定四十天不抽菸。」、「我向神保證四十天不抽菸，如果我做不到，就把我解決掉。」做這樣的宣誓之後，事情就容易很多。然後你會發現：「我感覺好棒，我已經四十天不抽菸了。」接著，如果你真的想抽，就抽一個星期，接下來再宣誓戒菸四十天。這就是擺脫抽菸的方法，做一個定期的宣誓。

另一種方法就是請一個跟你很親近的人幫忙，讓他們給你一個選擇，在香菸、先生、妻子或子女之間做一個選擇，讓他們，或者你的兒子、女兒向你提出挑戰，因為愛可以讓你走出習慣，愛有這樣的力量。

有一位女士，她的菸癮又犯了，她來找我，她說我一定要幫助她。我告訴她在香菸和我之間做個選擇，如果你要抽菸，就把我忘掉，不准再跟我講話，不准再來這裡靜心，也不准來聽我上課，你得離開這裡，把靜心和淨化呼吸統統忘記。因為她對認知、淨化呼吸和這裡的一切有一份深愛，她把菸戒掉了，雖然她哭了幾天。開始的時候，她認為我很殘忍，居然叫她發這種重誓，一星期過後，她很高興我的態度這麼堅決。

有三種方法可以幫助你，第一，練習，透過練習和紀律，你就可以克服不想要的任何習慣；第二，恐懼，恐懼可以克服任何習慣，恐懼生病、恐懼死亡或任何事務，恐懼神會生氣；第三種是愛。

問：天使的概念是什麼？是什麼意思？我們和天使的關係是什麼？

答：當你看一座玻璃吊燈的時候，你能看到它所有的顏色嗎？吊燈裡面只有一種顏色，可是當光線透過水晶的時候，就會發出許多顏色，就像彩虹一樣，有七種顏色。彩虹的七種顏色都包含在白色裡，沒有三菱鏡的時候，你除了白色以外，看不到別的顏色。靈性或神聖意識只有一個，但是它有許多特性和品質，其中有些特性或品質，你可以稱做天使。它們是整體中的一部分，你是同一個光的一部分，所有的天使都是你的一部分，天使是為你服務的。

天使可以當做一個單獨的話題來談，有關天使的話題有太多的混淆，一般人以為他們是另一種實體，由另一度空間來為你做些事，為你服務的。其實天使是我們的意識、生命力的投射。

第七章

死亡與超越死亡

7

對死亡的恐懼把生命陷在泥沼裡，
我們害怕死亡是因為我們不知道死亡是什麼。

死亡是什麼？死亡之後又是什麼？大自然已經在你的日常生活中提供你一個對死亡的小小的瞥見：睡眠。當你醒來的時候，你從事著各種活動，當你躺上床的那一刻，你發生什麼事？你到哪裡去了？無論你的日子是愉快還是不愉快，睡眠都會提供你深度的休息。睡眠擁抱你、安慰你，讓你煥然一新地再為第二天擔憂，睡眠療癒你、撫慰你，充實你清醒的意識狀態。如果你沒有睡眠的話，即使你的狀態清醒都會讓你沉悶無趣。

睡眠和清醒狀態乍看是矛盾的，但它們卻彼此互補，良好的睡眠讓你更加警覺和清醒。如果你觀察睡眠，你就會對死亡有相當的了解。我們每晚都要睡眠，可是我們從來沒有跟我們的睡眠相會過。你注意過嗎？你睡前的最後一個念頭就是你醒來後的第一個念頭，同樣的事也發生在死亡的大睡裡，你丟棄一具肉身，再投生到另一具肉身裡。

死亡是生命的朋友，這句話並不是說你應該去自殺，這是一個錯誤的概念。許多人認為自殺就可以擺脫他們的悲苦、不安或忿怒，可是他們的下一世還是會遭遇到同樣的境遇，自殺並不是解答，自殺不會把你的悲苦和問題帶走。一個想要活在沒有問題的深沉欲望，會促使一個人走上自殺之路。當你把生命當成一場遊戲，當你真正地活過了生命，那麼，你就會自然而然地在死亡來臨的時候擁抱它。對死亡的恐懼把生命陷在泥沼裡，我們害怕死亡是因為我們不知道死亡是什麼。

睡眠、靜心和愛都是死亡的同義詞，死亡意味著什麼？丟掉過去。死於每一刻，然後你就從每一刻裡再生了，丟掉所有過往的身分，把過去當成一場夢，這就是死亡。就如同睡眠撫慰你一樣，在靜心中也會出現一股深沉的慰藉，你體會到宇宙的是無常的，萬物是會化滅的，告訴我一個不會死的事物！動物、植物、人類、眾生有死也有新生。

數以百萬計的人在地球上走過一遭，他們都直著來，橫著走，終極的真相就是橫躺在黃土之下，智者會死，傻瓜會死，醫生會死，病人也會死。並不是只有病人會死，醫生也會死，並不是只有生病的人會死，健康的人也會死，有天分的、沒天分的都會死，死亡是每一個人都要做的一件事，這個世間就是一個眾生萬物皆必有死的地方。

醒過來看清恐懼是什麼，有的人因為恐懼自己會一覺不起而害怕上床睡覺，對生命的缺乏了解造成了恐懼。人們害怕愛，害怕靜心，害怕死亡，害怕自己。無明與缺乏覺知是恐懼的肇因，只要對本體、對自性、對你是超越死亡的這個概念有過一次瞥見，就足以徹底拔除恐懼的根源。

這就是那些在臨床上對死亡有過一次瞥見的人所發生的事，許多人在臨床上有過短暫的死亡之後又復活了，他們知道死亡不是一件可怕的事。你完全知道你不只是肉身而已，你知道本體是無量無邊的。自性超越死亡，你不害怕上床睡覺是因為你確知自己會醒過來，只要你對自己是否會醒過來稍有質疑，你就不會想睡覺，你會試圖把眼睛睜著。

《奧義書》裡有一個關於死亡的故事：從前有一位叫做高塔瑪的先生，他在做一些祭典，他送禮物，做很多善事，希望在他上天堂的時候再全部收回來。人們經常認為自己在世上做善事就會在天堂裡獲得一個更好的位子，好像把慈善當成投資一樣，只要做善事和做很多賑濟，他們就會在天堂裡得到一個舒服的房間，一張更好的床位，有好吃的食物和好伴侶，還有很多僕人照顧你。

高塔瑪把慈善當做一項來世的投資，通常當人們做慈善的時候，都是把一些自己真正不想要的東西給出去，高塔瑪把一些沒有用的乳牛送出去，他把那些瘦弱的、不再產乳的老母牛送給別人當禮物。

一個人會從事貪婪的行為，往往不只是為了自己，也是為了自己的孩子和家人，那些做錯事的人經常不是為自己才這麼犯錯的，單獨一個人需要些什麼呢？他的需要可以很容易地得到照料，貪婪是因為自己的後代，人們為了孩子的緣故，做各種各類他們不想做的事，或者為了名聲，名聲是因為他們想要被知道和一份安全感。

高塔瑪有一個八歲的兒子，他看到自己的父親把東西送人，他說：「我父親在做什麼？他在做善事，而且他把一些毫無用處的東西送給別人。」他不能當場質問他的父親，因為有很多人在那裡。他不斷地插話說：「你要把我送給誰？你要把我送給誰？」

這個兒子問爸爸說：「你要把我送給誰？」他是想用一種善意的方式把父親的注意力拉回到他在做的事情上。做父親的非常氣惱地說：「我要把你送給死神。」故事接下來的發展是，孩子聽了父親這麼說之後，開始思索生命，生命是什麼？我們誕生在這個世間，吃、喝、享受，然後死亡。如果死亡是最終的歸宿，我想知道它是什麼，我們死亡之後到哪裡去？如果死亡是生命中這一場遊戲或劇碼的目的地，那麼人死之後又要到哪裡去？跨越死亡之外的是什麼？

由於這個孩子的誠意，死神不得不做出回應，告訴他說：「不，不，不要問我，這是一個高度守護著的秘密。你跟我要任何福賜，我都給你。我很滿意你的專注，完全的不動心，並且處於中心。你看起來這麼聰明靈巧，年齡雖小卻很成熟，你不必經歷人生所有的過程，就對生命有如此的了解。你可以跟我要任何東西，要世間所有的享樂，我讓你做皇宮裡的國王，擁有許多財富、名聲，許多多產的乳牛。可是你不要問我至高的認知、高度守護著的認知。」這孩子仍然不肯屈服。

這就是認知的傳統，至高的知識永遠不會賜給一個生命的旅者，一個想要知道真理實相的人，必須要有一股強烈的想知道的驅力。膚淺的好奇心是不夠的，深入的質詢應該由自我質詢開始：生命的目的是什麼？我想要什麼？我是誰？我在哪？這個世界是什麼？只有這種深入而真誠的質詢才能產生至高的認知，死神把他打發掉，只是為了要知道他是否質疑得夠深入，是否夠真誠。可是這個孩子仍然不肯屈服，死神不得不告訴他，不得不引導他找到生命的至高認知，死亡的認知帶來生命的知識。死神把生命是什麼，生命如何超越死亡的認知給了納屈凱塔這孩子。

我們入睡前的最後一個念頭就是我們醒過來的第一個念頭，臨死前，心靈中最後一個印象就是來生的第一個印象。同一個家庭裡的孩子都有同樣的基因，可是他們的發展卻相當懸殊，擁有共同父母的雙胞胎都有他們個別的差異，肇因是什麼？兄弟姊妹也許會有許多身體的、心理的、情緒的相似處，但身體內的靈魂卻是不同的，這是因為保留在心靈中的前世印象不一樣的緣故。

我們的心靈就是能量，而能量是無法被毀滅的，能量是不毀不滅的，心靈是一股龐大的能量。心靈離開身體後會發生什麼呢？心靈被儲存其中的許多生命事件的印象包裹著，像一個無影無形的氣球一樣飄浮著，並且在它再度回到另一具肉身之前，仍然維持這樣的狀態。

對死亡的認知讓你不朽。「讓你不朽」是錯誤的說法，正確來說，應該是對死亡的知識讓你覺知到自己是不朽的。你們看得到其中的差異嗎？你們已經是不朽的了，你們的內在有些是不會死亡的。你們或許注意過，當你注視別人的時候，你感覺他們都變老了，可是你不覺得自己老了，有誰感覺自己變老的？如果你處於一個正常的心靈狀態，即使你已經八十歲了，你還是不覺得自己變老了。在別人眼中，你可能非常老，可是你內在深處卻從不覺得自己老了，這是因為你內在有一個永遠不老的存在。

你們注意過你們的內在有一個不會改變也不會老的存在嗎？我們一直沒有注意過。我們如此忙碌地讓自己陷在所有的活動裡，卻不曾花時間去注意或觀察「我們是誰」的真理。一個人站在海邊問看看：「我老了嗎？我改變了嗎？或者我內在有什麼是打從一開始就是一樣的呢？」你的開始和你的結束是一樣的，生命是一個循環，死亡帶來誕生，誕生又導向死亡。

死亡需要被慶祝而不是哀慟，當然一個跟你親近的人死了，你會有很多哀傷，因為一個能走、能說又和你有關係的人突然間走了。他們在哪裡？他們哪裡都不在，只有身體在那裡，他們不是那個身體。他們的精神去哪裡了？

印度有一個至今仍然沿用著的古老慣例，親人死亡的時候，家屬只能哭喪哀悼十天，到第十一天的時候，家人必須開始慶祝。訂下這個傳統的古先知對人的心靈有非常深入的了解。印度有一些職業的哭家、哭墓人被請到喪家來，付錢給他們，他們就開始哭喊：「噢，美麗的人你死了。」、「噢，你帶給我這麼多的痛苦。」、「噢，你死了，沒有我，你要到哪裡去呢？」他們也做打鼓之類的其他事情，還會躺在地上連滾帶哭。這些專業的哭家通常是四、五個人一組，即使是情緒或感情卡著出不來的人，一看到或聽到他們的哭嚎也會哭。

當然有些人看到這種情形會覺得不舒服，可是他們卻能夠引發你內在的眼淚和哀傷。哀傷需要加以經歷再擺脫掉，哀傷不應該被壓抑。印度人只允許喪家在十天之內完全經驗哀傷和悲苦，喪家在十天之內不需要做任何社會性活動、祈禱、習俗或義務，喪家完全免除所有的社會義務。每當有人死亡的時候，就會突然創造出一個真空，你要讓自己完全地與那個真空、空無同在。

完全與真空同在的同時，你知道你也是那個真空，空無在你的生命之中，你是空無，生命是完全的空無，並不只有死亡才是空無，生命也可以是空無的，這就是涅槃。佛陀說四大皆空，而空就是真理，名相、肉身是捉摸不定的，名相並沒有實存，無形無相才是唯一的實存，無形無相主宰著形相。

你們的心靈有任何形相、任何形狀、任何顏色、任何味道嗎？你們的心靈是沒有形相的。你們嚐過任何人的心靈是什麼味道嗎？它是甜的、酸的，還是鹹的？心靈超越味覺、視覺或任何一個五官的感覺，心靈是無形無相的。難道不是心靈在管理你的身體嗎？讓車子行駛在高速公路上的是身體還是心靈呢？是心靈！如果心靈不在身體裡面，單憑身體是不能做任何事情的，沒有心靈的身體就會平躺在地下。掌管你身體的是那無形無相的，掌管世界的也是那無形無相的，而掌管整個宇宙的是那個更大的無形無相，你是這個更大的無形無相的中心，無論你怎麼稱呼它——神、意識、無心、涅槃或精神。

死亡創造出一個空無，古時候人們往往會到墓地去靜心，為什麼？因為那會讓你不動心，你的心不會東跑西跑，心會說：「這是目標，這是我想要去的地方，這是最終的居所。好吧，讓我安靜地坐著吧。」為了帶來這種安靜，古人使用一個坐在墓地或者骨灰旁邊的靜心技巧。因為骨灰提醒你，讓你想起身體的最終結局：身體終將變成灰土，無時無刻地提醒自己會讓你更快活，而不是悲傷。

有人死亡的時候，你要完全地處在那個空無中靜心，你能夠靜心。靜心是自動地發生的，靜心非常類似空無的經驗，在靜心中，你體會到你不只是這具肉身，你大過於這個肉身。

在哀悼過後的第十一天，喪家就要開始慶祝，沒有哭泣，也不再流眼淚。喪家在第十一天就舉行慶祝會，他們也會用玫瑰水和淨化的奶油清洗眼睛，因為這會給他們的生理系統帶來清涼感。接下來，就要開始擺宴進食和交換禮物來慶祝，讓這個場合成為一個盛大的慶祝，完全依照嬰兒出生時的做法一樣。然後他們也在十天的期間內免除所有的社會義務。他們以類似慶生會的功能，完全置身於那樣的喜悅裡，嬰兒誕生後的第十天也會有一場慶典。

我看過許多罹患絕症的人，他們卻對我說：「詩麗・詩麗，我現在開始完完全全地生活了，我的生活品質有了很大的改善。過去我只是存在在我自己的白日夢裡，我甚至沒有體會到我有一個生命。我現在才算真正地生活，我做任何事都是百分之百地投入，我徹底地在享受，因為我知道自己就快死了。」那樣的星火、那樣的喜悅、那樣的熱情就像一個孩子的熱情一樣，讓我們又回到剛出生的狀態。生命的象徵是熱情，成功的象徵是微笑和喜悅，我們的內在擁有這一切。

當我們老的時候，我們似乎失去了生命，我們在進行一場慢性的死亡，沒有熱情、沉悶無趣，完全的死寂。一個人智性越高就越困在頭腦裡，而變得更加枯燥，而且他們的感覺越少，感覺幾乎已經死了。電腦能夠給你資訊，而感覺卻讓人成為一個人。

生命的第一個動作是吸氣，我們深深地吸一口氣，生命的第二個動作就是開始哭泣，生命的最後一個動作就是呼氣，並且讓別人哭泣。關注你的呼吸，呼吸裡含藏了許多生命的秘密，呼吸會把這秘密揭示給你。對死亡的認知會改善你的生命品質，對呼吸的認知也是一樣，它讓你更穩定，更堅強。

這就叫做不朽的生命，你的記憶變得如此敏銳，你不僅記得過去發生的一切，也會直覺到未來要發生的事。心靈也是一個可以前進和後退的工具，但是除非你完全地處於此時此刻，否則你對過去和未來的記憶力就不會有足夠的敏銳度，這其實是大自然在我們身上設計出來的一個安全機制。

你不記得過去世的任何事情對你是好的，為什麼？因為你會陷在裡面沉思它、憂慮它。假如你記得自己在比佛利山莊有一棟大房子，你在五十年前誕生在那裡，而你的孩子現在就住在那裡，你會沉思：「噢，你看吧，我賺了那麼多錢，我一輩子只顧著賺錢，現在卻讓別人享受。」或者，你想到前世有誰對不起你，你會在這一世對他們懷怨。在我們完全活在當下之前，前世的記憶不會來到我們身上。這是一件好事，我們沒有必要記得所有過去的事，你也沒必要知道自己未來會做些什麼，否則人生的樂趣就沒有了！給自己一些驚喜！重點是要去經驗你內在那個不變的，那個不會死的，那個不會壞滅的。

我們一生所做的一切都會在最後一刻一一閃現在我們的眼前，我們的一生中如果做過饒益眾生的事，我們就會攜帶同樣的印象，心靈就會變得充滿活力，這也是為什麼所有的人類價值、友善、慈悲會被賦予極大重要性的原因。因為活出這些價值就像對未來投資一樣，這一個叫做心靈的氣球就越有活力。當你回到另一具肉身的時候，你的境遇就會越好。心靈越脆弱，下一世的肉身就越孱弱，例如營養不良或者誕生在一個暴力的環境裡。

為什麼有些人會誕生在一個非常暴力的環境裡？為什麼有些人會誕生在一個非常舒適的環境裡？情境顯示了個人從前世攜帶來的印象，其中有好幾個因素。每一個靈魂、每一個人類都有希望活出無條件的愛，這就是為什麼說人身稀有難得的原因。因為有了這個肉身，你就能夠消除所有不想要的負面印象。

老鼠怕貓，老鼠心靈裡最深刻的一個印象就是貓，所以老鼠的下一世就會投胎做貓，牠毫無選擇，老鼠無法選擇投胎做兔子。這個過程是非常科學的，這只是一個簡單的數學而已，心靈中最強烈的印象就是恐懼的印象，人體系統有透過靜心把印象抹除的能力，如果你靜心的話，無論什麼樣的恐懼都會像泡沫一樣浮現、消失和化滅。

印度人有一個共同的信仰：當你獲得人身之後，至少要維持這個人身的輪迴，如果你不想邁入更高的境界，無所謂，不過你起碼要懷著再世為人的希望。印度人都了解人應該在這一生中行善，好讓心靈中最後的一個或者說最強烈的一個印象是好的、和善的。你不知道最後一刻什麼時候會到，你不可能在最後一刻到的時候，突然冒出一個新印象，會冒出來的都是你心靈中那個最舊、最強烈的印象。

克里希那上主在《薄伽梵歌》裡說：「聽著，阿朱那，你永遠不會知道最後的一刻何時來到，你不用等待那一刻，你要無時無刻地把我放在心裡，然後，靜心，讓這個成為你最強烈的印象。」基於這個原因，他接著對阿朱那承諾說：「我告訴你，你永遠不會再流悲傷的眼淚，這就是我給你的承諾。如果你會流淚，那只會是感激、愛和喜悅的淚水。」

當心靈對於超越死亡之境存有一股強烈好奇心的時候，這一股好奇就會被我們攜帶到身後世。如果你這一生未曾了解生命是什麼的話，你死後就會想了解，「我活了一輩子，甚至沒有感覺過生命，沒有完全地經驗過，請你讓我再回去弄明白是怎麼一回事吧。」這就好像置身在一個兩難之境一樣，活著的時候，你對死亡認真，死了以後，你又對生命認真，這是一個持續不止的連鎖循環。

當某些負面印象讓人難以忍受的時候，有的人就想休息，想要慰藉，所以他們自殺，這是一件很不幸的事，因為他們對靜心一無所知。一個懂得靜心的人，或者一個知道如何利用呼吸袪除情緒壓力、恐懼、焦慮的人就不至於走上自殺之路。

自殺就如同一面喊「我覺得好冷」，一面又脫掉身上的夾克和外套一樣，當你穿著外套都會發抖的時候，脫掉外套會讓你暖和嗎？這是一件愚蠢的行為。自殺者的行為跟這個完全一樣，當他們在事後明白自己錯失了一個機會的時候，都會懊惱不已。

所有宗教都有一個慣例，就是當有人過世或者臨終的時候，就有人坐在旁邊祈禱，發送一些善的念波給亡者。每一個傳統裡都有共同的追悼儀式，儀式中都蘊含著某些真理。當你靜心祈禱的時候，當你置身在那個廣闊的、平靜的、有愛的空間裡的時候，你就傳送出某些波動。這些波動不會受到你和環境的侷限，它們會觸及你有形身體之外的所有心靈、所有靈魂汽球。你的祈禱跨越了有形的實相，觸及了存在的精微層。祈禱的意義並不是唸唸有詞地坐在那裡，而是要處於那個祥和、平靜的空間，處於那個靜心的狀態裡。在你靜心的時候，你就發出和平的輻射光波，那些離開肉身的人，那些已經到達彼岸的人就會因此獲益，祈禱就像一道雷射光束一樣，把光帶到黑暗的彼岸。

據說一個人開悟或者完全開顯的時候，七世的親族都會因此得到和平和法益，當你開悟的時候，你以前的七世都會因為你而獲得解脫。因為那個光太強，那個能量可以觸及過往的七世，並且持續到未來的七世，那個效應會存在，那個和平、平靜、至福、喜悅都會承載在你的基因裡。

當你靜心的時候，你不僅改善了你的基因，那些品質也會進入你的孩子身上，你觸動了整個生理系統的改變。淨化呼吸法也有這個功能，而且速度很快，時間很短，淨化呼吸法以龐大的能量沖進你的系統裡，沖洗了你的每一個細胞和五臟六腑，讓你煥然一新、生氣蓬勃。

這麼看來，靜心的確是有幫助的，有些人會抱怨：「我靜心，但是自己什麼也沒有經驗到，所有的波動都跑到古人和未來的人身上。」這並不表示你沒有得利，你只是在還債，你支借了太多，在你把銀行的欠債還光以前，你的收支就不會平衡。

問：一個人怎麼死有關係嗎？一個人死在戰場上和因為車禍而死有差別嗎？

答：如果你死在戰場上，你就真正得到了解脫，為什麼？因為在戰場上，你的心裡沒有恐懼，你處於當下，你充滿了勇氣和挑戰。勇氣和挑戰顯示你有大量的普拉那（prana）或生命力。這就是為什麼我們說死在戰場的人會上天堂、會解脫的原因，因為心靈並不是處於一個低能量層面，而是一個高的能量層面。

在意外中死亡的人，我們無法預測他們的心靈狀態，有的人也許很勇敢，有的人也許在生命的最後一刻想到神，有的人卻非常驚嚇害怕，要看情況而定。除非你認識那個人或那個情境，你才會知道差別在哪裡。

問：我們能和亡者連繫嗎？

答：我們有可能和亡者連繫，不過這麼做沒有什麼用，為他們做些事情反而比較有價值。你可以在靜心、處於和平的時候，或者充滿慈悲的時候，為他們做一些慈善的事情。你不能只是想想而已，要用你的慈悲做些事情，你因為感念亡者而發出的善的波動是可以幫助他們的。

否則的話，當我們與亡者連繫的時候，只會問「你對我的感覺如何？」之類的事，往往會收到一些混亂的訊息，如果通靈者本身不夠清明的話，他們會把自己的心靈物攙進亡者的回答裡。這種事經常發生，通靈者會說：「我在和聖母通靈，我在和這個神、那個人或物通靈。」他們會把很多自己的東西攙雜在裡面，讓人們很難知道真正的實情。

第八章

耶穌——愛的化身

8

耶穌是愛的化身，愛沒有名字，也沒有形相。
愛是抽象的，但又非常真實；
愛沒有名字，也沒有形相，
但卻在所有的名字和形相中顯化。

耶穌是愛的同義詞，說愛的時候就不必再說耶穌，說耶穌的時候，你的意思就是愛。耶穌說：「如果你以我的名稱神，如果你以我的名求告神，你求的必得到應許，因為神就是愛。」我們在耶穌身上找到最完整的愛的表述。

你在這裡或那裡所得到的微小瞥見，都顯示無以名狀的生命在時間裡奮力展現的圓滿和至終的表達。愛與勇氣是並行的，看看耶穌的勇氣吧，他徹底地推翻了人們心中共同的觀念，例如強者擁有世界的觀念。他把這個觀念翻轉過來，「溫良的人有福了，因為他們要承受土地。」、「溫良的人有福了，因為天國是他們的。」愛讓一個人變得溫良，無論你多麼強勢，當你在愛裡的時候，你就變得非常溫良。愛是宇宙裡最強的力量，可是它卻能讓人變得溫良，即使一個最魁梧的男人，當他在愛裡的時候也會哭泣，一個雄壯的男人在他深愛的人面前也會像一隻老鼠一樣。愛讓你變得溫良，愛把天國帶給你。

耶穌說：「你們該彼此相愛，如同我愛了你們一樣。」人不可能不認得耶穌的愛，因為愛讓人變得溫良，所以它也讓人害怕。耶穌的幾千個門徒中，只有少數幾個人追隨他。聽過他福音的人多，真正來到他面前的人少之又少，這也是他會說「許多人會來這裡聽我說話，但是真正了解的人不多，了解了又能通過這一條窄道的人就更少了。」的原因。

即使在他行過那麼多奇蹟之後，卻只有十二、三個人認得他，並且跟隨他的。這些人不是高等知識分子，他們都是簡單純真的市井小民。耶穌說：「神的國就在你們心裡」的時候，他們聽不懂，他們只會問：「你要坐在神的哪一邊，左邊還是右邊？」一旦你進入自己的內在，就沒有左右前後之分了。他們不是有很高智力的人，耶穌必須使用寓言的方式，一再地重複，想讓他們有一點點了解，這樣的耐心和慈悲只能發之於愛。

「……而不知道我是用火、劍和戰爭帶給世間分裂的，因為一間屋裡有五個人，其中三個將會對抗二個，二個對抗三個，父親對抗兒子，兒子對抗父親，然後他們將成為獨一無二的人。」他說這些話的時候，很少人真正了解他的意思。那些被你認為是朋友的其實並不是你的朋友，因為他們讓你相信物質世界的成分多，靈性世界的成分少。「人們多半以為我是來帶給世界和平的，而不知道我是用火、劍和戰爭帶給世間分裂的。」他會這麼說是因為他看到了人們深處的惛沉！當他說一些好聽又動人的話，人們就會想睡覺，他說聳動的話的時候，人們就會清醒，會聽他說的話。報紙上充滿了這一類的故事，這就是人類的心靈！

耶穌盡全力地想幫助人們跨越心智，進入靈魂、靈性、生命的源頭、大我。他要你突破自己與某個事物、某個人或某種身分認同的限制性概念，而去認識你內在的神性，知道自己不只是一個人類，你是神的一部分，你將繼承此地、繼承你內在的天國。

他曾經說：「如果猶大不出生或許會比較好。」他這句話不是來自忿怒或挫折。很多時候，如果有人不喜歡別人，他們就會說：「真希望他沒有出生。」但是當耶穌說「猶大，我希望他沒有出生。」的時候，是因為他感受到猶大經歷的痛苦，耶穌對猶大有那麼多的悲憫和愛，所以才會說「我希望猶大沒有出生」，耶穌這句話顯示了他對猶大的愛的高度。

在結束的某一個時刻，耶穌說：「我還沒有和我的父合而為一，不過你們還是去告訴大家說，我已經和天父合而為一了。」學者們想不透耶穌為什麼要說這種謊話。耶穌跟最親近的門徒說：「我還沒有和我的父合而為一，不過你們還是去告訴世人說，我已經和天父合而為一了。」他在生命的最後一刻說：「寬恕他們，因為他們不知道自己在做什麼。」他也說過：「神呀，我的天父，你寬恕了我嗎？」最後這個「神寬恕了我」的念頭，把我和我的天父之間的距離拉開了。所以耶穌才會說：「我還沒有和我的父合而為一，我還在門階上，不過你們還是去告訴世人說，我已經和天父合而為一了。我在門階上迎接所有想回家的人。」

那些已經回到家的人，他們的日子比較輕鬆，而那些站在門口，不計風吹雨打、日曬雨淋等待別人回家的人，卻必須要擁有相當多的愛和慈悲才行，更何況他在門口要迎接的是全世界的人。如果人們認為耶穌還沒有回到家的話，就沒有人肯追隨他，也沒有人會聽他說話。他在門口不是為了自己，而是為了那些快要回到家的人。

眾所皆知的地藏王菩薩說：「眾生度盡，方證菩提；地獄未空，誓不成佛。」、「我要在門口等待。」耶穌也是同樣的情況，「我已經和我的父合而為一了，你們去昭告世人。」

《聖經》裡面有許多矛盾的地方，例如有一處說：「我來是要使生命豐富的，我來是要滋養生命的。」但在另一處卻說：「我來是要把火熄滅的。」這樣的矛盾顯示了真理，最深處的生命、創造之秘。要得到這個真理，人必須誕生兩次，人必須由靈性中重生，無論你稱為靈性或生命力（prana）都是一樣的。

如果你沒有活在生命力裡，你就無法了解耶穌的話語，這些知識也只是頭腦裡的一個概念罷了，只有心才能感受到心，否則的話，人們會以耶穌之名、以神之名、以宗教之名，而行互相殘殺之實，他們對耶穌毫無知解。當然這一切都在耶穌預言之中。

耶穌說：「我是我們的天父的獨子。」他說「我們的」天父，他指的是每一個人的天父，「我是天父唯一的兒子。」這麼說就誤解了耶穌的意思。如果耶穌是天父唯一的兒子，那麼其他的兒子又是誰，所有人類都是撒旦的兒子嗎？這樣一來，你就可以稱他是耶穌的天父，而不是我們的天父了。古希伯來文聖經經過幾次翻譯之後，許多真義都喪失掉了。耶穌經常說：「讓我們向我們的天父禱告。」他還是說「我們的」的天父，他指的是世上所有眾生的天父。

不幸的是這句話被誤解成「他的獨子——耶穌」，當然他值得被稱為「獨子」，因為他就是天父完整的化身。雖然每一個人都是同一位天父的兒子和女兒，但是就某方面來說，把耶穌稱為天父的獨子卻是名正言順的。

耶穌說：「我以朋友之名稱呼你，我以朋友之情待你，而不是僕人，因為僕人不知道主人做些什麼。我告訴你，我要和你分享我在天父那兒聽到的一切。」這是傳播教誨最好的方法，這是分享愛最好的方法。你會尊敬一個主人，但卻沒有個人式的愛，你會和一位朋友分享最私密的情感、思想、觀念和秘密。耶穌說，我是你的朋友。克里希那在《薄伽梵歌》裡也對阿朱那說同樣的話，「阿朱那，你是我最好的朋友，所以我要把至高的認知給你。」

有權威的地方就不會有愛，有愛的地方就不會有權威。耶穌敞開了他的雙臂說：「來吧，你是我的朋友，不要害怕，不要把我供在祭壇上面。在你的心裡，給我擺一個位子，在你看到的每一個人身上看到我，你要愛眾人如同我愛你一樣，或者如同你愛我一樣，把這份愛分享給你身邊的每一個人。」

在這樣一個愛的化身身上，你還想看到什麼？人們還是要證據，如果耶穌現在出現的話，人們就會對他說：「跟我證明你是神的兒子。」即使在他的時代，即使在他把水變成酒之後，人們還是要他拿出證據，因為人的心智念念不忘的是證據。心智無法了解耶穌，只有心能夠感受到耶穌的臨在。

把耶穌釘上十字架的不是壞人，他們是無知，他們卡在自己的頭腦裡，他們閱讀過所有的經典和書籍，認為耶穌褻瀆了神，認為耶穌犯了罪。

耶穌曾經說：「所有來到我面前的都是竊賊。」這句話的意思是什麼？他的意思是他們把人的心靈從當下這一刻裡剝奪走了，你無法愛一個在你面前的人，你無法在你身邊的人身上經驗到愛，實際上，你是在夢想著一個未來的人，或者榮耀一個過去的人。神就在當下裡，神就在當下和臨在的交會處——此時此刻。你的心靈被未來和過去偷走了，我來是要帶來當下，此時此刻的；我是唯一的道路，如果你無法在你面前的我身上看到神，你認為你能看到未來和過去的神嗎？

想都別想，我就是門，看著我，看我顯化出來的是什麼。我顯化出來的也就是你，我站在門口要帶你回家；再跨一步，走進去，你哪裡也去不了，你要去的地方就是你現在的位置，耶穌帶領你回到你內在深處的存在裡、自性裡、神性裡。

不幸地，人們以為會有一輛馬車來，把他們的肉身載到天上。在這個科學如此昌明的時代裡，人們還是陷在一個不科學的心靈裡，這是令人驚訝的一件事。這顯示了時間並沒有改變些什麼，只不過是在這裡和那裡做一點微不足道的改變罷了。

耶穌是愛的化身，愛沒有名字，也沒有形相，愛是抽象的，但又非常具實；愛沒有名字，也沒有形相，但卻在所有的名字和形相中顯化，這就是造化的神秘。如果你有那樣的眼睛，你就可以在造化中處處看到愛，看看鳥巢裡的母鳥如何來來去去地餵小鳥，看看小鳥如何等待母鳥回巢，這其中就有愛的存在。

魚群裡有愛，天空裡有愛，水底裡有愛，地上也有愛，外太空裡也有愛。

每一個形相裡都充滿了愛，每一個名字都代表著愛，這就是為什麼耶穌與天父合一的原因，因為天父與他的造化是合一的。印度人把造化和造物主比喻做舞蹈和舞者，沒有舞者就沒有舞蹈，舞者就是舞蹈本身。造物主在造化的每一個微塵裡，造化是無所不在，無所不能的。

如果神無所不在，你就可以處處看得見他，造物主如果不同於他的創造物，那麼他就不會在他的創造物裡，那麼他就不是無所不在的，神的整個定義就不見了。

愛無所不在，但愛卻在某些地方找到了它完整的表達。對自性的認知引導你走向愛的完整展現，或者愛的綻放。愛把你的眼光從所有瑣屑的事物上提升起來，耶穌叫人們不必為衣食擔心，連鳥都有食物吃。

印度有一個古老的說法，鳥從來都不需要工作，蟒蛇也不必為明日擔憂，牠們都會得到牠們的需要。滋養萬物的至一會照料所有眾生，有神在滋養眾生萬物，蟒蛇和鳥都不需要為食物勞苦，眾生都受到照顧，萬物都受到照顧。

看看我們的生活，我們花了多少時間，賦予多少重要性在繁瑣的俗務上。神在我們的優先名單中敬陪末座，我們忙這忙那的，最後才把剩餘的一點時間用來祈禱或靜心。我們把神排在最後面，我們得到的結果也只有那麼一點。當你沒有派對可以參加，找不到人交際、同遊的時候，如果你還有一點時間的話，我們來做一點靜心、一點祈禱或一點別的事。耶穌說，不要擔憂凡俗的事務，你會得到供養的，向你內在深處沉潛吧，因為神的國度就在你的裡面。

問：你能談談馬大拉嗎？

答：她是一個出賣肉身，卻提升到靈性裡的女子，過度的欲樂與世俗之愛把她的視界提升到靈性的層面，這是很了不起的事。她洗耶穌的腳，再用她的頭髮擦乾，她陷入深愛，她提升到對耶穌的深愛裡。當耶穌被釘上十字架的時候，她是少數幾個有勇氣挺身而出的人之一。她不僅擁抱耶穌的身體，也擁抱耶穌的精神，她變成不朽了。

我把她的地位置於其他十二個門徒之上，她比彼得或約翰還更接近耶穌的精神，她就是這麼重要。

人的精神是永恆的，超越生死的，當你真正愛耶穌的時候，你會在每一個名字、每一個形相、地球上和地球外的每一個角落看到耶穌。如果你只把耶穌看做受限於時空的一個形相，那麼你的成長就受到了限制。因為你限制了耶穌，你自己的成長也受了限制，你沒有以耶穌的本然和他真實的身分來看耶穌。當然，如果名相對你很重要，你可以當做私人物品一樣擁有它。你要追求師父所代表的價值，並且活出那個價值來。這時候，他就不再屬於過去，他就在此時此地，他也屬於未來，永恆不朽的未來。

問：我們都渴望愛，我們都想要愛，都想與愛合一。然而，當我們遇到愛的時候，卻反其道而行，我們不認得愛，或者因為害怕而把愛稱為「邪惡」或「撒旦」。

答：我們為什麼會不認得愛？缺乏了解、心靈狹小、眼光短視。世間沒有新鮮的事物，所有的事物都在歷史中發生過。我只喜歡榮耀過去或者夢想未來，而不接受當下，這也是為什麼耶穌說「只有少數人能夠通過這道窄門」的原因。

當今世界的現況可謂壞到無以復加的地步了，恐怖電影和社會的暴力事件——還有比這些更糟的情況嗎？人們有一個偏執的想法，「撒旦在出沒了，快去教堂，只有教堂才有知識。如果你自己讀佛陀或聽佛陀的經典，那一定是撒旦的知識。」來自佛陀、克里希那、《奧義書》、穆罕默德或任何其他先知的知識會是撒旦的知識嗎？電視才是最大的一個撒旦！

文明的自毀已經到了無以復加的地步，已經無路可走了。看看那些肥皂劇，沒有任何靜心、瑜伽的知識或者自性的談話與討論。這一類知識怎麼會是錯誤的？這些知識都會提升人類的價值。這些知識怎麼會與耶穌為敵呢？簡直是可惡至極！

人們以耶穌之名互相殘殺，以耶穌之名抗議、喊口號，這完全違背耶穌的教誨，耶穌說：「我要饒恕他幾次呢？不只七次，要七十個七次。」

讓你了解人類更大價值，讓你充分活在愛裡的知識，怎麼會是錯誤的？怎麼會是撒旦的知識？一個能夠改善身體、改善健康、改善人際關係的知識，怎麼可能是撒旦的知識？怎麼會是錯誤的？能夠培養友善、友誼、慈悲和愛的知識，能夠在生命中帶來喜悅和快樂的知識，怎麼會與耶穌為敵呢？

問：我們要如何了解耶穌為世人的罪受苦這個概念呢？

答：耶穌從沒有說過「我為世人的罪受苦」這樣的話，這只是人們用來喚醒別人的方法，還有很多像「末日到了，快覺醒吧！」之類的話。耶穌在世的時候是歷史上最黑暗的時代，那時代的人們只是奴隸，他們沒有受過高等教育，他們沒有覺知，在那個時代說

「快覺醒吧！大難臨頭了！」之類的話是有必要的。

恐懼讓人從昏睡中覺醒，否則人們只會日復一日地做同樣的事，重複同樣的事，在沉悶中過日子，而不求取認知。當時的老師知道人們的心理狀態，所以他們才說：「末日就要到了，地獄就要開了，快覺醒吧，你要善良、要慈悲、要禱告，為你的靈做準備。」他們為了喚醒那些厚顏的人，才使用這種技巧的；對那些敏銳的人來說，可以不使用恐懼這種工具，但是對厚顏的人來說，恐懼卻是有效的。現在我們可以用愛而不需要再使用恐懼了，我們可以用感恩和感謝，智者有很多辦法引導一個人到達真理，恐懼只是其中之一。

問：經典中很少提到十二～三十歲的耶穌，也有人質疑耶穌來過印度之類的事，你能分享一些你的看法嗎？

答：有一座修道院裡有許多印刻和證據，證明耶穌來過印度，即使今天，還是有許多人去那個修道院向耶穌致敬。印度一直是一個珍惜並推動靈性知識的國度，即使被放逐的波斯人也都來印度落腳，現在的印度也有波斯教。印度鼓勵不同的思想派別同時存在。

基督教源自於猶太教，如果你詳細地分析基督教和猶太教的話，基督教有許多與猶太教不同的做法，但是卻與耶穌以前的印度風俗和吠陀傳統一樣，例如以魚當做象徵物，古代的印度人把魚當做一種神聖的象徵。其他還有彌撒和聖餐式，印度人把聖餐稱為聖食（prasad），以神之名分送食物，說食物就是神、是神性的一部分。基督教也有同樣的儀式，耶穌佩帶的玫瑰念珠和橘色袍子也是受印度影響的跡象。許多其他的儀式，例如進入教堂後要取水，也是印度寺廟的傳統，還有鈴，猶太教不使用鈴，基督教卻有使用鈴的習慣。

在吠陀傳統或古印度傳統中，每一座寺廟都使用鈴，包括佛教在內。基督教有許多慣例和做法都可以追溯到印度的知識和慣例，兩者有很多類似處，《聖經》裡面許多知識和《奧義書》是雷同或類似的，你會發現真理是相同的，真理只有一個。當然，同樣的真理在猶太教裡也有，不過基督教和印度傳統的類似處最多，這一點充分地顯示耶穌在印度渡過很長的一段時間。

耶穌說：「我實實在在地告訴你們，還沒有亞伯拉罕就有了我。」這和《薄伽梵歌》裡克里希那對阿朱那說：「我曾經在過去把這認知給了別人。」是一樣的。阿朱那說：「你豈可這樣說，你活在現在，瑪奴是幾千年前的事。」克里希那說：「不，我也在瑪奴的時代之前。」耶穌也說：「還沒有亞伯拉罕就有了我。」

全世界總共有十種宗教，六種來自遠東，四種來自中東。不要認為耶穌是西方人，他是中東人。印度教是遠東宗教中最古老的一個，接著是佛教、耆那教、道教、神道教和錫克教。中東宗教以祆教最古老，其次是猶太教、基督教和回教。

三種中東宗教，猶太教、基督教和回教，都來自同樣的根源——《舊約聖經》，它們就像一個家庭裡的三兄弟一樣。遠東的錫克教卻來自不同的根源，神道教和道教是截然不同的，佛教、耆那教和祆教與印度教當然是來自同一個根源。

你會發覺遠東的六種宗教彼此共存，彼此互相融合，道教的道觀裡也供奉佛陀，佛教接受道教，道教也接受佛教，印度教接受佛教徒和耆那教徒的思想，根源不同的遠東六種宗教彼此和諧共存，彼此互相融合。但是三種來自同一根源——《舊約聖經》的中東宗教，猶太教、基督教和回教，卻不斷地彼此戰爭，這種事說來令人驚訝，但卻是一個事實。黎巴嫩、耶路撒冷和以色列這三個地區的衝突已經有幾百年之久，你不覺得很有趣嗎？這就好像一家的兄弟彼此交戰，而一些朋友卻以更和諧的方式彼此共存一樣。

我要告訴你們的是，擁抱所有的宗教，全世界所有的宗教都屬於你。因為你是天父的獨子或獨生女，你屬於神，而神在不同的時間，把這個認知帶到不同的地方，給不同的人。至高的智慧充滿關懷，它在任何一個你需要的特別時刻，用認知滋養你。有智慧、有智力的人會擁抱所有的宗教，換一個新角度、新視界閱讀《新約》、《舊約》和《可蘭經》，你會在所有宗教中發現它們都指向同一件事：人類價值，也就是愛、慈悲和喜悅。

印度有一個古老的說法：「所有經典歸納起來只有兩個半字母。」這兩個半字母在英語裡是四個字母：L—O—V—E，在印度語和梵文裡只有兩個半字母。研究過這兩個半字母的人就懂一切經典；不懂這兩個半字母的人，無論做什麼，他仍然是一無所知的。

第九章

佛陀——靜默的化身

9

靜默吞沒了悲傷、內疚，
療癒了悲苦，
帶來喜悅、慈悲和愛。

佛陀開悟的時候，那是五月一個滿月的夜晚，他保持沉默，他整整一個星期沒說一個字。神話學家說，天界所有的天人都被他嚇到了，他們說：「一千年才出現一個像佛陀這樣圓證到開悟的人，現在他卻閉口不言，一個字也不說！」

聽說所有的天人都來到佛陀面前請他開示，「請你說句話呀。」佛陀說：「那些知道的人，即使我不說話，他們也知道，而那些不知道的人，我再說什麼，他們也不會懂。任何有關光的描述，對盲人都是沒有用的，一個沒有品嘗過存在和生命瓊漿的人，跟他們說什麼都沒有意義，所以我保持沉默。」

這麼私密、這麼個人的事情，要如何傳遞出來呢？言語無能為力。許多古老的經典都宣稱「一切言語道斷，心行處滅。」佛陀這一番論證非常有力。

可是天人們卻說：「沒錯，我們同意，你說的對。可是，佛陀呀，請你替那些處於邊界的人考慮一下。有一些人夾在中間，他們既沒有開悟，也不是完全的無明，你開示個一言半語，對他們都是一大助力。看在他們的份上，你就開開金口吧，說點什麼吧。你的每一個話語都會創造出靜默，因為話語的目的是為了創造靜默，如果話語創造出更多的噪音，那麼話語就還沒有達到目標。」佛陀的話語絕對會創造出靜默，因為佛陀就是靜默的化身。

靜默是生命的源頭，是疾病的解藥，你們也許注意過，當人們生氣的時候，他們就會保持沉默。他們一開始會大吼大叫，叫吼完後就沉默下來了。或者當你傷心的時候，你會說「別來煩我！」你拉長了臉，沉默不語。你們可以很容易地分辨一個人的心情好不好，當他們非常沉默的時候，你就知道出事了。你傷心的時候，就會閉著嘴不說話，這時候人們就會低著頭，保持沉默，你感到羞愧的時候，也變得沉默。如果你是一位智者，你也會變得沉默寡言，別人無知的、無用的問題，你也會沉默以對。你能怎麼做呢？

當人們要求耶穌證明「你是神的兒子嗎？快點，你證明給我看。」的時候，他保持沉默，這才是最明智的做法。有人要求你證明一件無法證明的事情，沉默就是你的自救之道；你告訴別人說你的腿痛，對方要求說：「你證明給我看，否則我不相信你。」你如何證明自己的腿痛呢？你連腿痛這麼粗糙的覺受都無法證明的時候，你又如何證明開悟這種私密的、像神性一樣的事呢？沉默才是明智之舉。有一句古梵文說：「曲解是言詞的根源。」你一開口說話的那一刻就曲解了它的意思，話語無法捕捉存在，只有靜默能夠。

空間和靜默是同義字，喜悅、圓滿帶來靜默，欲望帶來噪音。靜默是解藥，因為在靜默中，你回到了源頭，然後又創造出喜悅，這也是為什麼人們傷心的時候，會變得沉默的原因。等他們擺脫傷心之後，又會走出了沉默，當他們走出沉默的時候，就會帶來喜悅或至少一些平靜。

佛陀是靜默的化身，他的靜默來自飽滿的狀態，而不是匱乏的狀態。匱乏創造抱怨和噪音，飽滿帶來靜默。聽一下你心靈中的噪音都是些什麼事？更多金錢、更多名望、更多的認同嗎？滿足、關係？噪音總是師出有名，靜默則毫無來由，你們懂我的意思嗎？靜默是根基，噪音是表面、是外表，噪音顯示的是匱乏、需求和欲想。佛陀的生命裡沒有匱乏、需求和欲想，他從一出生就過著非常富足飽滿的生活，任何享樂都呼之即來，喬達摩・悉達多就過著這樣的一種生活，你會納悶一個擁有如此享樂和豪華的人，何以會談論哀傷呢？

一個人一定要經驗過世間的傷心、悲哀、悲慘才能談論生命。可是佛陀說，他發現的第一個原則、第一個真理就是世間有哀傷。在感官的享樂中，他卻是如此地敏銳和飽滿。他已經一無所求，因為他什麼都有了，你如何追求自己已經擁有了的東西？所有的享樂他都有，他從一開始就保持著沉默，因為他有飽滿，所以他的沉默是從飽滿中升起的。

有一天，他說：「我想出去看看世界。」他內在的探尋和好奇心升起來了。當他看見一個病人、一個垂死的老人和一個死人的時候，他看完這三個事件或例子，就足以讓他認知到世間有悲苦；佛陀看到有個人生病，他說：「夠了，我經驗過了。」

這樣深沉的靜默，這樣紮實的靜默本身就含有敏銳度，足以讓他在看到別人受苦的時候完全地反映出來，讓他感覺痛苦，經驗痛苦，只要瞥一眼老人和一具屍體就足夠了。他說：「生命裡沒有喜悅，我已經死了，生命沒有意義。快，我們回家吧。」他返回了皇宮。

他看到許多人在悲苦中垂死，我們卻依然無動於衷，為什麼？因為沒有靜默，我們困在自己渺小的渴望、渴求和憎惡裡，心靈塞滿了噪音，再也感知不到存在的音樂了。靜默是存在的音樂。靜默是存在的秘密。

只要對悲苦有過一次瞥見，就足以讓佛陀邁上他的探尋之旅了。生命的目的是什麼？我們為什麼而活？宇宙的目的何在？所有這些充滿意義的問題，從那個靜默中升起，從飽滿的靜默裡升起。接著佛陀就獨自邁向了他追尋真理之路，他離開了皇宮、妻子和兒子。他的靜默越堅實，由這個靜默中升起的問題就越有力道，沒有一件事能阻擋得了他，他連夜逃出皇宮，因為他知道白天根本沒辦法走，他靜悄悄地趁著晚上逃出了皇宮，開始了許多年的追尋。

他照著別人告訴他的方法去做，四處參訪，尋找答案，有人叫他禁食，他就禁食。他走過許多道路，最後終於在靜坐中發現了四個真理：世間有苦就有苦因，你不可能沒有任何理由而不快樂，你的快樂可以沒有任何理由，不過你不可能沒有任何理由就不快樂。

如果你注意看小孩子，你就會知道孩子哭是因為他要吃奶，或者想睡覺，或者需要什麼東西。可是當他的需要滿足了以後，孩子就快樂了，充滿喜悅了。小嬰兒只要看著自己的手指頭都會快樂，就算不看自己的手指頭，他也會快樂，喜悅得不得了，因為喜悅是不需要任何理由的，歡笑也不需要笑話來引發。可是苦卻要有一個苦因，每當你不快樂的時候，總會有一個不快樂的肇因，所以佛陀說：「第一個真理就是世間有苦，世間是苦的。」當這個「世間是苦的」真理成為你心靈和經驗一部分的時候，你就能夠看到超越世間的一切了。那個在靈性層面的東西，就是所有的喜悅。

生命中只有兩種學習的可能性，一種是觀察我們周圍的世界，由別人的受苦，由別人徒勞無益、虛耗生命的活動中領悟；或者從你自己的經驗，親身體驗，發現人生的苦，沒有第三種可能性。

你的敏銳度越高，你就越不需要親身經歷所有的苦，你可以看那些經驗過的人如何讓自己變得有智慧。如果這樣做不到的話，不管它，只管去經驗，你一定會全身而退，而且變得更有智慧。確實是這樣，生命是不朽的，我們只不過是或遲或早地學會生命的功課罷了。生命裡有苦，你無法否認這一點，而苦是有苦因的，這是第二個真理。

第三個真理，他說：「我們有可能把苦滅掉。」如果苦是你的本性，你就沒辦法消滅它，我們有離苦的可能性。第四個真理，他說：「我們有一條道路，我們有一條離苦的道路。」他所謂的道路就是八正道：正見、正思惟、正語、正業、正命、正精進、正念、正定。他說的不是哀痛的靜定，也不是憤怒和仇恨的靜定，而是正確的靜定。

佛陀誕生在印度史上一個非常有趣的時代，他和耶穌不同的一點是，他誕生在印度非常繁榮的時期，印度文化已經達到哲學思考的高峰期。當時的人都受過高等教育，生活富足，在一個高度知性的社會裡，人們都認為自己可以不學而知，他們自認為無所不知，但事實上，他們並沒有親身的經驗。

這就是印度當時的情況，最高等的哲學思想已經發展出來了，瑜伽、不二哲學、六大哲學體系、靜心；人們認為自己無所不知，他們經常高談闊論大梵——無限，可是他們卻深陷在頭腦的思考裡。

佛陀提倡他的道路——來，親眼看，來親身體驗這一條道路。他無法憑著論辯說服任何人，因為人們自認為無所不知，爭辯只是爭辯而已，你可以永無休止地爭辯下去，沒完沒了，永遠辯不完。因此佛陀說：「來，我給你四個簡單的步驟：觀察你的身體（觀身不淨），觀察你的覺受（觀受是苦），觀察心念的流動不居（觀心無常），觀察你的本性（觀法無我）。來吧，我給你一個簡單的技巧，來，坐下來，把你所有的概念擺在一邊，你可以保留所有你想要的概念。不過你來這裡，坐下，坐下來，觀照看看。」有智慧的人一向喜歡這麼做，他們想做一些實際的事，然後就有很多人來見佛陀了。別忘記，佛陀所有的門徒都是非常有智慧、受過高等教育的學者，他不需要費太多口舌說服他們，當佛陀跟他們說「來，坐下，我們來靜心觀照。」的時候，他們就準備要做了。生活在進步社會裡，人們的特徵是他們的心靈不封閉，他們肯創新，準備要傾聽，因此佛陀跟他們開示，教導他們。

一萬個人在寂定中靜坐觀照、靜心，最後得到解脫自在，圓證了開悟。一萬個人，這是史無前例的一件事。

佛陀不會陷在他們的哲學討論裡面，他說有幾個問題他不會回答，他會保持沉默；「有沒有神？」他閉而不答，「宇宙是從哪來的？」他會保持沉默，「宇宙有一個終點嗎？」他一個字也不會說，「一個人開悟以後，他的靈魂會怎麼樣，它會去哪裡？」他說這些是不相關的問題，他連一個字都不會說。

某些問題，當你一開口回答的時候，你根本不是在回答問題。某些問題，不管你說什麼都不對，不管你說「是」或「不是」，它都是「不是」。

你們明白嗎？這就叫覺知（pragya）。你是否覺知到你的心靈在說「是，不是，是，不是」呢？有嗎？你們有覺知到自己正在說「是」嗎？這一個超越「是」或「不是」、超越概念、超越情感和觀念的東西，那是一個非常微妙、非常紮實，然而既模糊不清，卻又觸手可及的東西，那就是覺知。當你平靜的時候、當你在三摩地的時候、當你擁有平衡的時候，覺知就發生了。

正念可以拔除生命中的苦，它具有破除我們生活模式的獨特力量，靜默是破除模式的利器，它就內建在我們的本性裡，內建在我們的系統裡。人體就是這樣組成的，心靈遇到它能力所不及的事物就會沉默下來，你受驚嚇的時候會怎麼樣？驚嚇把你帶到靜默裡，那些令人震驚的事把你帶到靜默裡，美妙的事情發生的時候，文字消失了，你變得沉默了。在每一個情緒的高點、在每一個事件的高點就有靜默，對靜默的認識和彰顯讓你跨越輪迴的大海——生命的苦海。

否則每當你感覺不愉快和悲苦的時候，你就把悲苦連結到外界的某些事物上，然後那個輪子、反應，你的連鎖反應就啟動了。我們把悲苦的責任推到外界的某件事物、某個人的身上。佛陀說：「不對。」你要觀照你的覺受。

我認為應該強制規定每一位心理醫生都要研究佛陀，一個沒有研究過佛陀的心理醫生是不完整的。佛陀以最有系統的方式，把所有有關心靈和心靈作用的知識都教給了我們。傳統的心理治療師會告訴你：「你的內心深處有哀傷，你的內心深處有恐懼，你的母親曾經對你做過什麼事，你的父親曾經對你怎樣怎樣。」實在是無知之至！

我認識幾個人，他們和父母的關係非常融洽，可是在看過心理醫生之後，所有的關係瓦解了，因為心理醫生憑著幾個問題，就把他們的悲苦歸因於他們的童年。

心理醫生連一個簡單的事實都不知道——每一個情緒都有它在生理上一個對應的覺受，身體某一個特定的部分會應和這一個特定的情緒。當你觀照覺受的時候，情緒消失了、溶解了，當你觀照覺受的時候，你會發現身體和意識是分離的，當你繼續觀照下去的時候，你會發現你只是在把覺受和外界的事件連結起來而已。

智慧就是斷絕事件和情緒的連結，斷絕情緒和覺受的連結；無明就是把你的覺受、傷心或其他的感覺和某些事件連結。這麼做反而使你苦上加苦，並且引發永無休止的連鎖反應。人們做心理治療，往往治療好幾年，十五年、二十年之後，卻毫無結果。你也許會有一兩天如釋重負的感覺，因為有一個人跟你談你的問題，你是在花錢找人傾聽你訴苦。傳統心理治療也許有一些價值，我不會一概加以排除，它是有一些價值，不過我認為它也有一些嚴重的缺失。現在正是心理醫生們開始認識靜心價值的時候了，我認為有些人已經這麼做了，他們正在擷取靜心、靜默和觀照的價值。

很不幸，沒有一位心理醫生透過與佛陀或悟者的接觸來擴展他們的專業領域，心理學家寫了堆積如山的書籍，卻不知道靜心是什麼，心靈的本源是什麼。

心智是噪音，心智的源頭是靜默，這也是佛陀會說「無心」的原因，這並不表示佛陀不說話，你要怎麼說呢？你要如何跟一個「無心」的人互動呢？當佛陀說無心的時候，他指的是在我們頭腦裡徘徊不去的念流。佛陀對許多問題保持沉默，每一個問題只會把問題推得更遠，而每一個答案只會製造更多的問題，答案與問題是一個沒有止境的扣環，它會一直循環下去！你只要回答一個問題，就會再引發出十個問題來，問題和答案是一對沒有做家庭計畫的夫妻。

佛陀說：超越問題，丟掉問題，因為你的本體裡有所有問題的解答，把你的每一個問題都變成驚嘆——哇！問題和驚訝之間的差別在哪裡？問題創造暴力，驚嘆創造靜默，問題會找答案，驚嘆是一個不尋找答案的問題。你們明白我說什麼嗎？驚嘆帶來的詫異並不想找答案，驚嘆把你帶回靜默的家裡。問題創造暴力，有人問你：「你要去哪裡？」對他們笑一笑，不要回答；對方再問第二次：「你要去哪裡？」還是對他笑一笑；問到第三次，他就會拉高嗓門問你：「你要去哪裡？我在問你話呀！快，回答我！」當你在問問題的時候，你就是在索求。在每一個犯人的心裡都有一個大問題：「我為什麼會是這個下場？」每一個苦都與一個「為什麼是我？」的問題有關連，而喜悅卻與驚嘆有關連。

我們所有的修行都是為了把問題變成驚嘆，正如佛陀說的：我們有可能離苦得樂。我有一個方法，來，坐下，靜心；在印度國力繁榮的時代，人們不需要再做什麼，每一個人都豐衣足食。佛陀在那樣的時代，發給每一個重要的老師一個缽，「去吧，你們去托缽。」

對一個有一技之長、有知識的人來說，最困難的一件事就是乞討食物，他叫國王披著袈裟，捧著缽去乞討。全世界的王子、國王、生意人、紅頂商人、知識分子，佛陀嘲弄他們，倒並不是因為他們需要食物，而是為了讓他們完全地放空。我執會說：「我是某一號人物，我怎麼可以向別人討東西吃？」佛陀說：「不，你要變成無名之輩。」只是為了教育他們，只為了讓他們把「你和眾生是合一的，你是一個無名之輩，你在宇宙裡是無足輕重的。」這個原則落實到生活裡。

畢竟，你的生命就是無物！一百年的壽命算什麼？只不過是滄海一粟，數十億年已經過去了。古時候的印度人非常懂天文學、數學、零的概念、幾何學、三角學，他們把這些科學應用在各行各業裡。要知道，人類在一千五百年左右發現「畢氏定理」實在是一件令人啼笑皆非的事，早在一萬年前，印度經典裡就已經提到這一點，所有有關三角學、幾何學、數學、平方根的定律，吠陀經典有一大堆的算術和計算法。

當時的人就已經知道地球的年齡和歷史（劫）有多久了，他們已經算出四十五億年就是七十一個地紀，幾倍的七十一個地紀加起來才是一個「劫」。

當你要求這些具有頂尖智慧的天才去托缽的時候，你能想像到他們臉上的表情是什麼樣子嗎？他們變成了慈悲的化身。觀照覺受，觀照情緒，觀照你的本性，你真正的本性是什麼？是和平、是慈悲、是愛、是友愛、是喜悅，靜默中可以產生這些品質，靜默吞沒了悲傷、內疚，療癒了悲苦，帶來喜悅、慈悲和愛。

這就是佛陀一生的寫照，他來世間是要帶走世間的苦、內疚、恐懼、自大和無明，帶來智慧、力量、美、知識與和平。每一個人都可以在此時此地、在每一個地方即取即用，人人都能橫越生死輪迴的大海。

問：開悟要怎麼驗證？

答：身為一位科學家和神秘學家，我認為佛陀坐在菩提樹下和牛頓坐在蘋果樹下是沒有差別的，牛頓以他對自然的洞見證明了自己的開悟。凡是能夠證明的事物也能夠被反證，證明和反證只佔我們頭腦或意識裡的一小部分。因為每一個證明、每一個結論，都要經過一系列尚未經過時間考驗的邏輯說明或發明步驟。實相和真理是浩大無邊又超越證明的，神不能被證明的原因就在這裡，我們找不到有神或沒有神的原因就在這裡。

頭腦裡活躍的一個部分想要證明或反證，這也是科學會提出相對論的原因，你所感知到的也許存在，也許不存在，因為客體也涉及在感知的過程裡。我們對客體的感知涉及了假設，任何理論或證明中都要某些假設，這是無法超越的，而任何假設都可能是錯誤的，說某一件事物不能證明是很科學的態度。

問：二十年前我坐在這個講堂，而在你現在的位置上坐的是J•克里希那穆提。他在談靜心的時候說，真正的靜心是沒有持咒的靜心，持咒靜心和不持咒靜心之間是有衝突的。你能不能談一下？

答：J・克里希那穆提反對任何技巧或有組織的教法，他持續這個反對的態度很長一段時間，不過他沒有堅持到底。在他臨終前，他找過幾個人，跟他們詢問很多持咒的知識。

撇開這一點不談，靜心是有許多技巧、方法或者非方法的。由克里希那的層面說丟掉所有的技巧和方法是可以的，不過你要知道，這個指示本身也是一個方法，不持咒是其中之一，但是這個方法對每一個人有多容易卻是另一個問題。此外，許多人說靜坐不需要把背打直，但是許多用背架或支架靜坐的人，他們得到的效果往往大於那些苦撐著不用背架的人。

開始的時候，持咒是很重要的，不過到了某一個階段，你也許就不需要了。我們給靜坐者的指示也有所不同，在某一時候，我們說「你需要」，在某個時候，我們又會說「你不需要」。這就好像在你上了巴士後的某個時候說「下車」一樣，你上車和下車的地方是不一樣的。

如果有人死抱著一個咒語，不斷地持咒，我會叫他停止持咒。我看過有人一天二十四小時不停地用錄音帶播放咒語，心靈被咒語搞亂了，他們無法專注或從事任何活動，心靈變得非常遲鈍。使用咒語應該有適當方法，就克里希那的經驗來看，他說的話是真的，他是對的，然而，他的指示對多少社會人士有助益（相對於出家人），卻又另當別論了。許多人靜坐的經驗少說有十幾二十年，甚至三十年的，但卻仍然不知道如何鬆弛，如何進入存在的源頭。

問：詩麗・詩麗，你能談一談食物對身體的影響嗎？比如，產生瓦塔（vata，風）不平衡的食物以及食物對寧靜和自我覺察的影響。

答：當然可以。一位來自傳統耆那教的當代佛教徒做了許多這方面的研究，包括什麼食物是好的、食物對生理系統的影響、什麼食物讓人平靜、振奮或者帶來刺激。食物當然會有影響，不過我認為這種影響是次要而非主要的。剛開始靜坐的時候，你不需要馬上改變飲食習慣，靜坐的時候當然要吃一些對生理系統產生良性和協調性的食物，這一類食物幫助你獲得更大的身心平衡。

問：詩麗・詩麗，你可以談談空嗎？人要如何才能達到空的境界？

答：（停頓很久之後）懂了嗎？

問：你願意談談開悟嗎？

答：開悟就是從某某人變成默默無名，這是第一步。我們一直在我是某某人的態度裡過日子，我喜歡這個，我不喜歡那個，我恨這個，我愛那個。在邁出第一步的時候，你內在強烈的憎恨和渴望會鬆綁，你變成了一個孩子。開悟的第二個步驟是從默默無名變成眾生一體，從某某人變成默默無名，再從默默無名變成眾生一體，就是開悟。

第十章
愛的六種扭曲

10

在你生命核心深處的是真理、是愛，
那裡沒有內疚、沒有恐懼，
所有偉大和美好的事物都在你的內在深處。

構成整個世界的元素是愛，構成每一個人的元素也是愛。你一定聽過「神是愛，眾生萬物就是愛。」這句話。如果眾生萬物已經是神的話，生命的目的何在？生命的目標又是什麼？

生命朝著完美的目標前進，每個人都想要完美。如果眾生萬物就是神或愛的話，生命豈不已經完美了嗎？沒有，因為愛有六種扭曲；雖然說眾生萬物就是愛，但愛卻有六種扭曲：忿怒、情欲、貪婪、嫉妒、傲慢和虛幻。

靈性是純淨的愛，物質是愛的扭曲。

人類秉賦的辨識能力可以由扭曲邁向純淨的愛，所有靈修（靜心、瑜伽和淨化呼吸法）的目的就是從造化的扭曲回到純淨，再由純淨回到源頭。完美有三種形式：行動的完美、言詞的完美和情緒的完美。

我們鮮少能在同一個地方找到三種完美，有的人在行動上是完美的，可是他的內在卻有埋怨和忿怒，他們在外在做出完美的事情，但內在的情緒層面卻不完美。有的人也許會說謊，他們的言詞也許不盡完美，但是他們把事情做得很好，或者說，內在的情緒非常好；醫生或許會告訴患者說：「別擔心，你的病可以治好。」醫生知道這是謊話，但是他的用意卻是好的。

做父母的常會欺騙孩子，說他們是鸛鳥送來的，父母親對孩子說謊，但孩子並不了解事實真相。同樣的情形，父母親的言詞不完美，但是他們的用意卻是好的。如果有人懷著惡意說謊，那麼他的言詞和情緒都不完美，他的行動就會把這個不完美反應出來。

如果有人犯了錯，你看到了這個錯，對他的錯誤生氣，那麼你的表現並不會比犯錯的人好到哪裡。你因為對方不完美的行動而產生不完美的情緒，你和對方是在同一條船上。行動永遠不可能完美，每一個行動都難免有錯誤的地方，但是情緒的層面卻可以變得完美，如果情緒變得不完美，這種不完美就會停留很長一段時間。一個不完美的行動或言詞發生了又會消失，不良的情緒卻會滯留很長一段時間。

如果你看到一件不完美的事情，看到有人遭到不公平的待遇，你會怎麼處理呢？如果你對他的不公平待遇怒火中燒的話，那麼你就變得更加不完美了。你至少應該保護內在的完美、言詞的完美，然後你就更有能力處理外在的不完美了。內在的完美、內在的祥和應該列為最優先的順序，追求外在行動領域的完美是不可能的。

一般人的做法是在不完美之間互相轉換，有人貪婪，就有別人對他的貪婪生氣。那個人貪婪成性，但是你也不相上下，你並沒有把純淨帶進你的內在，你只是改變了那個不純淨的氣味罷了。由一種扭曲變成另一種扭曲並不會帶來完美，一般人的典型做法是把扭曲改變成另一種扭曲，認為自己的扭曲沒有別人的扭曲那麼糟。我們看到別人的情欲就會嫉妒，嫉妒變成忿怒，貪婪變成自負或者幻覺，我們只是在不同的不完美中轉來轉去罷了。

你要不惜代價地拯救你的心靈，維護心靈的方法就是讓每一個行動都遵循律法。當你在不同的行動中發現不完美時，不要讓這個不完美進入你的心裡、存在裡。我們看到許多人在爭權利、爭女權、爭民權等等，他們的理由也許是好的，但是我們卻在他們心裡看到許多忿怒。如果你有忿怒，你的忿怒並不會優於自負，六個不完美中沒有孰優孰劣的問題。

我們做靈修的時候會維持內在的完美，以免被外界的小事情動搖，如果有人罵你、羞辱你，沒關係，他的言詞不完美，不要認為他們的情緒也是不完美的。不要在他人的錯誤中看他們的意圖，否則我們的心靈就會一直在不純淨中糾纏，以一種不純淨取代另一種不純淨，並不會使事情變得更純淨或更好，只會每況愈下。

整個造化是由自然和自然的扭曲所構成的，忿怒不是自然，它是自然的扭曲，嫉妒不是自然，它是自然的扭曲。我們為什麼稱它是不純淨？忿怒、貪婪、嫉妒和情欲為什麼是不純淨呢？它們已經存在於自然中了。如果你逗一隻狗，你就可以看到那隻狗忿怒的樣子，這六種扭曲也存在於動物身上（動物因為大自然的控制而無法超越這些扭曲）。

如果你逗一個孩子，你可以看到那個孩子生氣的樣子。情欲存在於自然界裡，事實上，自然中的一切都來自於情欲，每一個人都是由情欲裡誕生的。欲望也在自然裡，欲望是造化的一部分。

我們為什麼要稱它們是扭曲？它們為什麼不純淨？

這些品質是不純淨的，因為它們不容許自性——我們的本性發光，恐懼阻礙著我們的靈性，使它無法發光。任何阻礙著本性無法發光的，我們就認為是不純淨的，認為是一種罪。罪不是你的本性，你不是由罪裡誕生的，罪只是衣服上的皺褶，皺褶只要加以適當地熨燙就可以撫平。

情欲為什麼是一種罪呢？情欲之所以是一種罪，是因為一個在情欲裡的人不把對方當做生命，你不尊重生命，你把對方當做一個物件來使用，對方變成供你享用的一個物件。當你充滿情欲的時候，你看不到對方的自性，這就是情欲之所以是罪的唯一理由。

愛是情欲的反面，愛裡有臣服，你把對方看做神聖的，你把對方擺在更高的層面上，你把物質提升到靈性的層面上。即使是一座偶像或象徵物、一座雕像、一幅畫或者一個十字架，當你敬拜它的時候，物質也會變成一個有生命的實體。因為你賦予了它生命，你把它提升到一個朝著完美邁進的神和愛的層面。忿怒是一種罪，因為當你忿怒的時候，你失去了中心，你看不見自性。此外，你的重點沒有擺在神上、無限上，你把事物變小了，變成了物體。所以說，忿怒是一種罪，嫉妒是一種罪，內疚也是一種罪。

內疚之所以是一種罪，因為你沒有認出自性才是世間唯一的作為者，當你說「你」在做的時候，你等於是把渺小的心靈侷限在那個正在發生的行動上。這是一個非常深奧的認知，你要對自己與生俱有的品質感恩，因為這些品質不是你製造出來的。同樣的道理，你擁有些什麼，完全看你被賦予什麼樣的角色而定，假設在一齣戲裡，你被分派的角色是一個壞蛋，你把這個角色演得唯妙唯肖，雖然你演得非常逼真，但是你心裡明白壞蛋這只是戲裡的一個角色而已。

梵文裡有一句古老的諺語：「你要先敬拜壞人，再敬拜好人。因為壞人的失敗樹立了一個先例，讓你不會重蹈覆轍。」不要因為一個入獄者所犯的罪而對他心生憎恨，罪犯也是神的化現，他提供你一個很了不起的服務，給你一個非常美的教訓，讓你知道什麼事不該做，他是被分派來演這個角色的，他只是奉命行事罷了。

當你了解這個真理的基本法則之後，你內在的完美就不會有任何改變，世間的任何事物都無法再動搖你了。

當你發生言詞上的不完美時，你要超越言詞的不完美，看到言詞之外的情緒。如果有一個人說謊或者在心情不好的時候說出一些話來，例如母親對孩子說：「你滾蛋，別煩我。」母親並沒有這個意思，如果那個孩子真的滾蛋了，這個母親就慘了。如果你能在言詞的不完美裡看到良好的用意，那麼你的情緒就不會變得不完美，你內在的完美仍然受到安全的守護而沒有失去。如果你為了別人的不誠實而忿怒的話，你的忿怒會讓你失去所有的希望。

傳統心理學有一個很大的缺陷，心理學家認為你的內在深處有恐懼、有內疚和忿怒。我要告訴你們，這些心理學家對心靈或意識一無所知，我要告訴你們，你們內在深處有一個至福的源頭、有一個喜悅的源頭。在你生命核心深處的是真理、是愛；那裡沒有內疚、沒有恐懼，所有偉大和美好的事物都在你的內在深處，心理學家一直沒有看到心靈的深處。

你可以在自然中（prakriti）找到恐懼、忿怒和內疚，但它們畢竟只是自然的扭曲罷了，即使是耶穌也忿怒過兩次，他借用自己的忿怒把人們趕出寺廟。克里希那也違背過自己的承諾，他說過自己的手絕對不再握持武器，可是在《摩訶婆羅多》（Mahabarta）裡，當他自知敵不過維虛瑪（Vishma）的時候，他便手持著鐵餅（sudarshan chakra）說：「我現在就解決你，你到底要不要俯首稱臣？」克里希那也發過怒。

為什麼？每一個情緒、每一個情感、每一個感覺都會把你帶入最深處的綻放、最內在的完美。

不要在行動裡尋找完美，醫生為患者動手術的時候，他會剖開患者的腹部、胸部或其他部位，他把手術刀插進患者的身體裡，但醫生的用意完全不同。許多人在手術的過程中死去，每一個行動都有它的缺陷。如果你做了慈善的行動，這個行動也有負面的影響：你降低了對方的自尊和自重。所有的行動本身都有它的缺陷，行動的完美只能到達某個程度，但言詞的完美可以到達較高的程度，情緒的完美可以到達最高的程度。

當扭曲來的時候，不要認可它，因為你給它的關注會讓它更加壯大。如果你認可別人的忿怒、貪婪或情欲的話，那麼這些扭曲不只在他們的內在，也掌握了你的心靈，這就是人和動物的差別。動物性交完就結束了，在第二年交配季節之前，牠們不會一天到晚想性交，人的頭腦裡卻沒完沒了地想著性。

克里希那在《薄伽梵歌》裡說過這句話好幾次：「你的心靈是怎麼運作的，阿朱那？如果你用扭曲（vikaras）滋養你的心靈，這些扭曲就會不斷地轉換，不純淨會一個接一個地在你的內在繁衍。放輕鬆，你要明白我是唯一的作為者，任憑世間萬事萬物發生，把這一切當做一場夢、一齣戲。」這就是你讓自己處於中心的方法。

有一個跟拉瑪那有關的故事，拉瑪那身中毒箭的時候，他需要一位信徒葛魯達幫助，葛魯達救了他的命。葛魯達事後回想：「這些年來，我一直以為拉瑪那是我的救主，我以為是他在幫助我。可是今天如果我沒有救他的話……今天他需要我的幫助，我救了他。我怎麼能依靠他呢？我的力量好像比他還大，他似乎很平凡，因為如果沒有我的話，他已經死了，他和他的兄弟都會死在戰場上。」

葛魯達心裡生起這個疑惑的時候，疑惑就不斷地啃蝕他。一旦疑惑開始掌控心靈的時候，意識就開始低落了。疑惑是一種能夠啃蝕你、摧毀你的東西。當疑惑進入一個人的靈魂時，據說這個人若不是在俗世成功，就是在另一個世界——內在世界成功。葛魯達就產生了這樣的疑惑，他感到非常沮喪，因為他的信任動搖了，他能怎麼做？他不能對拉瑪那說他覺得拉瑪那比自己軟弱，所以他質疑自己是否該繼續當他的信徒。他沒有勇氣對拉瑪那說，所以悄悄地去找那喇達——《愛的金玉良言》的作者，另一位神聖之愛的化現。那喇達叫葛魯達去請教喜馬拉雅山上的一隻烏鴉，他告訴葛魯達說，坐在那隻烏鴉腳下就會知道答案。

這對葛魯達而言是一個非常大的羞辱，因為葛魯達號稱鳥中之王，現在卻要向最低層的烏鴉求教。

這個故事的精神就是要葛魯達放棄他的我執，坐在烏鴉腳下釐清心中的疑慮。烏鴉告訴葛魯達說：「噢，你這個傻瓜，上師為了提升你才給你這個救他的機會，連這麼明顯的事你都看不出來嗎？他對你的愛太深，所以才用自己的落難來提升你，讓你在服務他和救他的時候感到自豪。上主拉瑪那不需要任何救助，他是整個造化的救主。」烏鴉狠狠地訓了他一頓。

聽完這一番話後，葛魯達的疑慮和我執頓然消失，他回到上師身邊繼續服侍。葛魯達恢復了往日的謙卑，謙卑是靈魂和存在的完美展現。

我們的罪並不在內在深處，它們在表層，連膚淺的程度都不到，這也是古印度人會說這句話的原因：「如果你做錯了一件事，到恆河裡浸一下，就像肥皂可以洗清你身上的泥土一般，恆河的水也會洗掉你表面的罪。」一個衷心誠懇的祈禱就可以把你從罪裡解放出來，當你純真無知的時候，你會犯錯，當你走出那個錯誤的時候，你對錯誤的認識有了一份明白。

無論過去如何，無論你犯了什麼錯，現在的你不要自認為是個罪人或是個犯錯的人，因為當下的你是煥然一新、純真潔淨的。過去的錯誤已經過去了，當有了這樣的認知之後，你又再度完美了。

母親經常在生氣的時候責罵孩子，事情過了以後又說：「噢，可憐的孩子，我太生氣了，我不該那麼做的。」接著他們就不斷地懊悔、懊悔，懊悔成了下一次生氣的準備工作。這些事都是生命的一部分，事情一過就放下，讓它結束，你會對孩子發脾氣是因為你缺乏覺知，怒氣來，脾氣發了，現在一切都結束了。

明白了吧，你不是作為者，克里希那是這樣告訴阿朱那的：「你以為你可以不做你應該要做的事嗎？」、「我告訴你，你要做，即使你不想做，你還是得做。」他很清楚地說：「你最好臣服於我，拋掉一切，向我臣服，照我的話去做。」他接著說：「我該說的都跟你說完了，你現在想清楚，做你喜歡做的吧。想怎麼做就怎麼做吧，不過，你要記得，你只能做我要你做的事。」

我們固有的、對作為的一份執著消除了我們內在的惰性，惰性消除之後，你的活動力就會被驅動。

在覺悟的最高層面上，你會以觀照者的身分看到自己所有的行動，你明白自己不是那個行動的作為者——事情只是透過你自動地發生而已。

許多人已經有這樣的感覺了，那些從事最有創意工作的人說：「我什麼也沒有做。我不知道事情是怎麼發生的，事情只是流動，然後就自己發生了。」繪畫、戲劇、舞蹈、音樂和任何創造性的工作都來自於那個未知的中心，然後才開始自發性地發生。罪犯也是同樣的情形，你問罪大惡極的罪犯說：「你為什麼要犯這個罪？」他們最常有的回答是：「我不知道事情是怎麼發生的，事情就這麼發生了。」

我們最近在監獄裡開了好幾個課程，那些罪犯不是野獸，監獄裡有許多美麗的人，他們對自己犯的罪感到訝異，他們往往不相信自己的所作所為。最可惡的罪犯也不相信自己做過的事，他們也體會到事情已經發生了。這個對作為者所產生的認知，有助於讓你了解「你不是作為者」，也是唯一能把你從不完美帶向完美的方法。

問：詩麗・詩麗，我們該如何更快速地袪除惡習？

答：當你飽受惡習之苦的時候，不要批判你的惡習，我們習於批判自己的惡習。在沒有批判的情況下，如果你真的感受到惡習造成的困擾，你真的受夠了惡習，當你到達這一點的時候，惡習的痛苦就會變成你的祈禱，在那一刻，惡習自然脫落。還有就是多做一些靈修、靜心、瑜伽呼吸法和淨化呼吸法，都可以改變你的惡習。

某些惡習可以透過結交益友而改變，讓自己忙於創造性的工作也可以改變惡習，老菸槍在忙於工作的時候會少抽一些菸，當他們無所事事的時候就會一根接著一根地抽。讓自己完全忙於工作，多數惡習都會消失不見。

或者，讓自己感受惡習的痛苦，真正感受惡習的痛苦，臣服就會在這個時候發生，祈禱就會從內在湧現。祈禱出現的時候，它就會改變你的化學作用，愛就會來，惡習就會離開。

第十一章

活出生命所有的可能性

11

所有的欲望都是渺小而沒有價值的，
所有值得欲求的東西，
你都已經擁有了，
你的內在都已經擁有了。

心靈有兩種類型：一種是開放式的，另一種是封閉式的。一個封閉的心靈會說：「事情就是這樣，我知道，就這麼決定。」一個開放的心靈說：「也許是，可能會，我不知道。」每當你好像了解一個情境的時候，你就把它貼標籤，說：「我知道是這樣子。」這就是問題的開始。問題總是發生在你認為知道而實際上卻不知道的時候，如果你不知道，你的心靈是開放的，你會說：「噢，也許是，可能有一些我不知道的事。」你會等待，當你說不知道的時候，你不會貼標籤。

當你認為自己遭受不公平待遇、自認為受苦、或者自認為是受害者的時候，你都掉進了「我知道，事情就是這個樣子。」的分類裡面。每當我們給事物貼上了「不好」這個標籤的時候，這個標籤就是來自我們的認知。受苦是有限認知下的產品，問題是有限認知的象徵。當你有驚訝、耐心和喜悅的時候，你就處在一個「我不知道」的狀態裡，你的生命就從有限的「我知道」轉換到無限可能的狀態裡了。

自認為知道這個世界是最大的一個問題，這個世界不只是一個世界，它有許多層面。當你不高興的時候，你會有一個理由，你心裡的一根弦被扯動了。當你心靈開放的時候，會了解一件事的發生是有許多理由造成的，這些可能性不單只有實際存在的因素，也可能有其他更精微的肇因。

假如你回到家發現室友把公寓弄得一團凌亂，你就開始感覺非常惱怒，你認為你忿怒的理由和肇因是你的室友和凌亂，但是這件事可能有其他的原因。一些在精微層發生的事情，或許是某些忿怒在那個精微層創造了波動，在那個時刻，空氣中還有其他的事情發生，可是你眼裡看到的只有製造這些凌亂的人，你就把所有的忿怒推到這個人身上，這就是有限認知的運作方式。

當我們把心中的情緒歸諸於個人的時候，這個循環就會持續下去，你永遠都擺脫不了這個循環。有一個步驟可以讓我們擺脫這個循環，第一步，把你的情緒從那個人身上撤離，把事件從空間或時間裡撤離，這就叫做占星學，占星學就是與宇宙合一的認知。

如果有一根針扎進你的手裡，你整個身體都會知道、都會感覺到，對嗎？只要一根針扎進你的手裡，你整個生理系統都會感覺得到，每一個細胞都與你的整體連接在一起。同樣的方式，每一個人也都和整個造化以及其他人連接在一起。在最精微的層面上，宇宙裡只有一個生命，雖然在粗糙的層面上似乎有許多生命，當你越來越深入的時候，只有一個存在，一個神。

智者從來不給人貼標籤，或者說，在智者的眼裡，個人的存在消失了。是的，在一個層面上，我們看到所有的人際交往、所有的個人；每一個人都不同，男女老幼、智賢愚劣，各式各樣的人都有。在這個層面上有不同的類型，可是在一個更深的層面上，卻只有你，別無他物。

問：我過去聽你說過，生命丟給我們的問題，其實我們都已經有答案了。可以請你談談失敗嗎？

答：你不會碰上一個你無法處理的問題，你碰到的每一個問題都是為了讓你體會自己擁有的能力，體會你能從生命中活出更多的可能，你能發揮多少技巧、才華和喜悅。問題要顯示的就是這些，問題讓我們的心靈和才智運作。我們何時需要才智呢？當有問題的時候。如果沒有問題的話，我們就會像牛一樣。牛沒有問題，牠們只吃草、喝水和睡覺，如果你的生活平平順順的，沒有任何挑戰，你就會整天吃飯、睡覺，變得越來越遲鈍。神給了你這樣一副頭腦，讓你使用，讓你警覺，而每一個問題的出現都是為了讓你運用頭腦。

我們卻反其道而行，我們要不是不用頭腦，讓事情變得複雜，就是用頭腦卻沒有解決問題，反而讓問題變得更複雜。如果我們有一個問題，我們卻不去看解決的方法，反而要看問題能變多大，或者問題會惡化到什麼程度。不要把你的頭腦原封不動地交還給神。

你認為失敗是什麼？你們最常認為失敗的事，沒多久反而變成一件成功的事。你小的時候也許想當一個卡車司機，長大以後，你被迫當醫生，然後你才體會這是一個好的選擇；回顧當初的情景，那個似乎是失敗的事，往往是因為一時的短視。就長期來說，你的每一次失敗都幫助了你的成長，或者讓你更強壯、更處於中心，每一個失敗都對你的內在有非常正面的幫助，這是非常有趣的一點，你必須透過一個不同的眼光來看事情。

問：我們如何背棄自己最珍貴、最親密的人，例如我們的配偶？我們會背棄神或古儒嗎？

答：我們對自己最愛的人往往因為做得過度而讓對方感到窒息，偶而在彼此之間保留一點空間，愛不但不會消失，反而會成長，你們注意過這件事嗎？保留一點空間讓彼此的渴慕成長，渴慕和愛是一體的兩面，它們攜手並行，如果你把渴慕徹底摧毀的話，愛就會越來越脆弱。渴慕和愛乍看是相反的兩件事，實際上卻彼此互補，你想蓋的大樓越高，地基就要打得越深才行。

每當你給出空間的時候，你內在的渴慕就會增加，無論你渴慕的對象是你的配偶、是神或者古儒都一樣，有渴慕的時候，你的愛就會變得真正的堅強有力又不可動搖，否則你就會猶疑不定。全世界的每一個人都在戀愛，沒有一個人不是在戀愛的，有的人愛這件事或那件事，有人愛這個人或那個人，有人愛這個物品或那個物品，每一個人都與另一個人、事或物戀愛。為什麼有那麼多人感覺悲慘，感覺自己一直不了解愛呢？

愛應該是五味雜陳的，愛應該充滿了風趣，如果一切都平順無礙，人人都眉開眼笑的，那未免太枯燥無趣了。想想在一齣戲裡，每個角色都是善良有智慧的，沒有挑戰性的事件發生，想想一部小說裡，一個沒有碰到任何問題的人物，這部小說還會有情節嗎？他早上醒來，然後整天平靜無波地渡過，到了晚上再上床睡覺，日子絕對平順無礙，這部小說沒有情節。事實上，你看的每一部小說都是描寫壞蛋，整個故事圍繞著一個壞蛋發展。我們不要當壞蛋，但要接受生活中五味雜陳的事實，所以我們才說，每個人的生命都是一部小說，而每一部小說都趣味十足。

在神的眼中看來，生命是如此地完美，從一個更寬闊的視角來看，每一件事都恰如其分地完美無瑕。然後，你就可以盡情地享受這個叫做地球的地方了，你會想一次又一次地回到這個世間。世界是一個遊戲，是一場比賽。如果不是的話，你就會說：「夠了！我不想再回來了。」看看小孩子，他們遊戲、打架、爭吵、喊叫，什麼事都玩過了，過沒多久，他們還想再玩。他們想再玩一遍，對嗎？

問：我要如何克服自己在浪費時間的感覺？我覺得自己要不是在等更好的事發生，就是等待不要有事發生，而沒有處在當下這一刻。

答：每當你覺得自己在浪費時間的時候，那就是你有高度覺知的時候，你變得警醒了，在這份警醒裡放鬆，這就是靜心。你們許多人有過這種經驗，你們聽過老師說：「活在當下。」你只是聽過，但沒有體驗過。然後有一天，在某個地方，也許在火車上，也許在海灘上，或者在餐廳裡吃義大利麵，你突然有所警悟，「噢，原來這就是活在當下呀！」

你曾經聽過的一句話，突然敲響了你內心深處的一根弦，「嘿，原來就是這麼回事呀！」你聽過的一句話要經過一段時間才會變成切身的體驗，那個認知在你腦海裡翻騰，當認知開始結果的時候，它就變成了你的財富，變成你的一部分了。

這也是很多人強調要忠於你選擇的道路的原因，不要到處忙著做靈修跳躍，為什麼？因為你從古儒、從大師那裡聽到的開示，總要經過一段時間才能變成你實際經驗和生命的一部分，這就像播種一樣，從播種到長成綠蔭，最後才能開花結果。如果你在中間的過程播下別的種子，把樹苗拔掉，那麼什麼事也不會發生，因為樹苗無法扎根。

這並不是說大師或古儒需要一大群追隨者，要人們來來去去地湊熱鬧。讓這個認知變成你的一部分，讓它在你的內在發芽，有些人的這個過程很快，有的人需要一段時間。

問：我渴望發生的事都是些渺小無用的欲望，什麼事才值得渴望？

答：所有的欲望都是渺小而沒有價值的，所有值得欲求的東西，你都已經擁有了，你的內在都已經擁有了。

問：當我們把一切奉獻給神的時候，是透過我們的思想、感覺，或者兩者都有呢？有沒有一個特別有效的方式？

答：不要把事情複雜化，你要奉獻的任何東西沒有一樣是屬於你的，你說「奉獻」是因為你認為奉獻之物是屬於你的。你執著在所有物上，憂心著不知道該怎麼處理，所以你說「奉獻」，好讓自己把這個頭腦裡的負擔卸下來。這就好像有人坐在火車上，卻把行李扛在肩上一樣，你會說什麼？「把你的行李卸下來，歇會兒吧。」你在火車上，你的行李有火車幫你扛了。

我們為了卸除重負才說「奉獻」，你的行李已經在火車上了，卸下來，歇會兒吧，不要貪圖尋找一個有效的辦法，這一招是行不通的。我們都有一種凡事追求完美的傾向，我們從小就接受教導：「你一定要追求完美，要分毫不差。」這種汲汲於追求完美的心態反而使你不完美，放輕鬆。

問：是什麼製造出我們和神分離的幻覺？神是一視同仁地愛著我們嗎？對神來說，這個房間裡有任何一個人會比其他人重要嗎？

答：那個人就是你。太陽雖然只有一個，這個太陽卻可以進入鎮上每一個家庭裡面，你不會問：「太陽光已經照進窗戶，進入這個家庭，它怎麼可能再照進隔壁那個家庭？」這就是小心靈的邏輯。

你內在有一個想要讓自己與眾不同的自然欲望，每一個人都想當一個特別的、更親近神的人。我要告訴你們，你們已經是了！你們非常特別、非常獨特，也非常珍貴，無論你們做了什麼或者你是什麼樣的人都不重要。

第十二章

靜心是什麼

12

靜心就是如實如是地接納當下這一刻，每一刻都徹底地活在那個深度裡。

靜心是什麼?處於當下這一刻的心靈就是靜心,一個沒有攪亂的心靈就是靜心,一個變成無念的心靈就是靜心,一個沒有遲疑、沒有期望的心靈就是靜心,一個回到家、回到源頭的心靈就是靜心。

什麼時候才有休息的可能?當你停止所有的活動,當你停止到處奔波、停止工作、談話、看、聽、嗅、嚐的時候,當所有這些活動都停止的時候,你就獲得了休息。當你停止所有的隨意活動,你就休息了,這時候,只有不隨意的活動發生,呼吸在進出、心臟在跳動、胃在消化食物、血液在循環,你的生理系統只剩下不隨意活動,所有的隨意活動都停止了,這就是睡覺,這就是休息,不過這還不是完全的休息。

當心靈安頓下來的時候,靜心就發生了,完全的休息就發生了。某些時候,你會懷著煩躁不安、攪亂不寧、欲望或者忙著為未來做盤算的心情入睡。這些計畫會留在你的心靈裡面，這些雄心抱負仍然停留在你的心裡，表面上看來它們暫時不存在了，但其實它們進入更深的一個層面裡，這就是為什麼當你懷著許多抱負或欲望的時候就無法熟睡的原因。野心勃勃的人無法熟睡，因為他們的心靈並沒有放空。這不是自由，真正的自由是擺脫未來和過去的自由。

當你對現狀不滿的時候，你就會渴望一個更光明的未來，心靈裡懷著欲望意謂著當下這一刻是不好的，欲望在心靈裡製造了張力，靜心很難在這種時刻發生；儘管你閉著眼睛端坐如儀，如果欲望繼續升起，你就是拿靜心來自欺，你是在做白日夢。

專注是什麼意思?當下的圓滿、瞻望至高無上的、處於中心、留駐在和平的空間裡，這就是專注。當你處在和平裡的時候，專注已經發生了，沒有和平就沒有專注，反之亦然，如果你擁有專注，你就達到了和平，如果你沒有專注，你的心靈四處盤旋，你就沒有和平。

每一個欲望或者雄心就像眼睛裡的一顆砂粒一樣刺痛你的眼睛，有砂粒在的時候，你就無法閉上眼睛或睜開眼睛，無論睜眼或閉眼都會不舒服。不動心就好像把眼睛裡的灰塵或砂粒移除一樣，讓你可以自由地睜開眼睛或閉上眼睛。當你不動心的時候，你就可以自由自在地享受這個世界，你也可以放輕鬆，讓自己自由地獲得舒緩。完全的自由來了，這就是解脫，你不再為自己有或沒有某些事物而困擾，否則的話，在狂躁的情況下，你會為了沒有某些事物而困擾，甚至為了擁有某些事物而困擾。

有伴侶的人會因為有了伴侶而煩惱，沒有伴侶的人也會因為沒有伴侶而煩惱，有錢的人會煩惱，因為心裡老想著該怎麼處理他們的錢，是該投資呢，還是不投資？如果投資了，你會煩惱投資的虧損，股票的行情怎麼樣？沒有錢的人也會煩惱。靜心就是如實如是地接納當下這一刻，每一刻都徹底地活在那個深度裡。

欲望升起來的時候，你能做些什麼？把欲望奉獻給神，然後放下，這就是靜心。靜心不是緊抓著你的欲望，在那裡做白日夢，你無法控制自己沒有欲望，就算你對自己說：「我不應該有欲望。」這也是另一種欲望，你問：「我幾時才能擺脫欲望？」本身就是一個欲望。欲望升起來的時候，認出它們，然後放下，這個過程就是靈修。欲望來的時候，欲望升起的時候，把它們全部奉獻出去，讓自己處於中心，做到這一步，你就處於中心了，沒有任何事物能夠動搖你，也沒有任何事物能夠把你從這個中心帶走。否則的話，即使芝麻綠豆的小事都會動搖你，都會讓你傷心，讓你坐立難安。你為了什麼事坐立難安？別人說了幾句話，一句羞辱的話，就讓你傷心難過。

這是給你的考驗，看看你能不能輕易地放下，這是放下的藝術。生命會在每一個事件裡教導你放下的功課，你學得越多，就越快樂、越自由。當你學會了放下的藝術之後，你會充滿喜悅，當你充滿喜悅的時候，生命給你的就越多，擁有的人，生命將給他更多，這就是靜心。

只要欲望還在你的心中滯留不去，你的心靈就不會獲得完全的休息。你現在仔細地看看你的欲望，這些欲望到底是些什麼？你要看清楚它們的渺小，看清楚它們實在不值得你如此困擾，這就是成熟，這就叫做明辨力。明辨力就是看出這一切的一無所值，沒有又如何！另一種解除執著的方法就是把你的欲望延伸，讓它大到再也困擾不了你的地步。一顆微小的砂粒可以刺痛你的眼睛，一顆大石頭進不去也無法刺痛你的眼睛，我們有許多的不快樂都來自那些微不足道的小事情。

《薄伽梵歌》裡說，除非你拋棄了內心的欲望，否則你無法進入瑜伽，只要你還執著在要做什麼事的欲望上，你的心靈就不會安歇下來，你們看出其中的機制了嗎？你越是焦急著要做什麼事，你就越難以入睡。入睡前該做些什麼？只要把一切放下就好，只有在這個時候，你才能夠安然入睡。

我們何妨用同樣的方式處理那些一刻接著一刻的活動呢？至少也要在靜心的時候這麼做，當你想坐下來靜心的時候，先把一切放下，最好的方法就是在心裡想著：「世界消失了，化解了，死了，我死了。」除非你死了，否則你無法靜心。心靈經常在死後還不肯安歇下來，智者就是那些在有生之年能讓心靈安歇下來的人。

生命中究竟有什麼是值得你執著不放的？你連這一具肉身都無法永遠抓著不放，無論你多麼細心地照顧它，有朝一日它還是要跟你說再見的。你會被強制地抬出這個地方，離開這一具肉身，或許連一個通知都不給你，連打包收拾行李的時間都不給你。你可以在身體離開你以前，先學會放下一切，這就是自由自在。

你想尋覓的、想執著不放的究竟是什麼？是偉大的喜悅嗎？你能找到什麼偉大的喜悅？你就是喜悅。狗經常會咬著一根乾骨頭啃，你們知道狗為什麼這麼做嗎？當牠們在啃一根骨頭的時候，鮮血就會從牠們嘴裡的傷口流出來，狗總認為骨頭美味無窮，啃過一段時間之後，狗的嘴巴都酸了。可憐的狗，啃了這麼久的骨頭卻一無所得，骨頭裡面啃不出來半點肉汁。

你在生命中經驗到的任何喜悅都來自你的內在深處，當你有能力放下一切執著，在那個空間裡安歇下來，讓自己處於中心的時候，這個行為就是靜心。靜心就是無為、不作為的藝術，這種休息比你經驗過最深沉的睡眠還要深好幾倍，因為在睡眠中，你心中還有一些盤桓不去的欲望。在靜心中，你超越了這一切，這樣的休息給你的頭腦帶來無比的清涼，它在對你的身體進行大翻修，它在維修你的身體，維修你整個身心複合體。

靜心就是放下你的忿怒，放下過去的事件，放下你對未來所有的計畫。無論你做了什麼，無論你未來的計畫是什麼，你生命的終點站還是墳墓。無論你是好人或壞人、無論你哭或笑或做任何事情，每一個人都要走進墳墓，無論你是富人或窮人，無論你是聖賢才智、平庸愚劣，你終究要變成黃土一坏！

那些在你心裡冒進冒出、不容許你在和平、喜悅和愛裡安頓下來的微不足道的小事是什麼？

無論有人愛你或恨你，你終究要進入墳墓，無論你愛一個人或恨一個人，你終究要歸於黃土，那些贏得戰爭和輸掉戰爭的人統統都要走進墳墓，輸贏有什麼差別？唯一的差別是幾年的相隔罷了，活著的人還在受苦，那些很快就走的人反而走得安祥。病人會死，醫生也會死，病人和醫生都要走進墳墓。有兩件事會讓神發笑的，第一件事是當神聽到醫生跟病人說：「別擔心，我會救你。」的時候，另一件事是當神聽見有人說：「這是我的土地。」的時候。神會笑著說：「你們兩個都要走進墳墓，你竟然說：『這是我的土地。』哈！」

不動心會把大量的喜悅帶進你的生命裡，不要認為不動心是一種無動於衷的狀態，不動心和無動於衷是有差別的，無動於衷是一種不完整的狀態，不動心卻充滿了熱情和喜悅。不動心把所有的喜悅帶進你的生命裡，它讓你著實地安歇下來，當你安歇下來，當你深入靜心裡，一旦你走出那個狀態，你會變得活力十足，你的行動會表現得更優越。

深度的休息和動態的活動是對立又互補的價值，你休息得越深沉，活動的動能就越大。

不要認為不動心會讓你棄絕一切，會讓你跑進修道院裡，那些在修道院裡的人也在夢想著天堂。有一次，一位很老的修女問我：「請你告訴我天堂是什麼樣子，我沒有經驗，我又不習慣到新的地方。我想知道，好讓自己先習慣一下。」我說：「別擔心，你會有一個舒服的床位，好多僕人會侍候你，替你按摩，讓你安睡。」

執著在作為者的觀念上會讓你停頓不前，執著在計畫上會讓你無法深入靜心，你只要有這一份明白就綽綽有餘了。放下，坐下來，經過幾天的練習之後，你就會看到它如何改變你生命的品質了。

問：另一位瑜伽大師馬赫西（Maharishi Mahesh Yogi）常說不要停止你的欲望，你要欲求更多，因為欲望會把你帶到至終的圓滿實現裡。

答：馬赫西在不同時間會對處於不同情境、不同年齡層的人說不同的話，他說的話會因時因地而有不同的目的。如果他告訴人們說不要有欲望，人們就會滿足於吃喝睡，而不再做靜心了，他們甚至不會探詢生命和真理。他在那個時間對那些人的開示就是要他們欲求至高的，欲求更多。

跟著這個欲望走就會讓你邁向道路，一旦你上了路，車子開到家，停進車庫裡，我就叫你下車。我的指示會依照不同的時間和地點而不同，否則你就會一直坐在車庫裡的車子上。你坐在車上打盹，我跟你說這裡有一張漂亮的床，你快點下車呀，你到家了，好好睡，好好休息，把你正在做的事都放下吧，把你的欲望都放下吧。

檢視你的欲望，看看在欲望沒有升起之前你在哪裡，欲望走了之後你又在哪裡？你會發現你就像在騎旋轉木馬一樣，轉來轉去，最後還是在進去的地方出來。即使在欲望滿足之後，你會發現自己還是一樣，又怎麼樣！如果欲望滿足了，你還是停留在原地。

問：我們睡覺的時候，所有的聲音、味道、風景都在，但是我們的心靈不在了，心靈在哪裡？

答：身體和心靈是分不開的，心靈的粗糙面是身體，身體的精微面是心靈。身心會同步地回縮、休息，進入惰性狀態，同時心靈、意識中的知識卻會退居到背景，就像太陽一樣。太陽下山的時候會發生什麼事？黑夜來臨了，但太陽並沒有消失，太陽只是藏了起來。同樣的方式，認知、生命意識的覺知卻退回到另一個次元裡，接著睡眠來臨，掌控了我們。

這就是我們稱為黑暗、惰性的原因，惰性的掌控有一定的時間，接著覺醒來了。意識的三個狀態：清醒、睡眠和做夢的最好比喻就是大自然，大自然的整個存在也會有睡眠、清醒和做夢，這是在自然界龐大層面中進行的三種狀態，人體中則進行著另一個不同的層面。靜心就好像飛行到一個沒有日出日落，只有空無的外太空一樣。

第十三章
六種財富與認知四柱

13

如果有一個美麗的事物，
你能夠一直看多久？
你的眼皮終究要闔起來，
你不得不休息。

有關你是誰的終極認知其實非常簡單，由於這個認知是最簡單的，所以也不容易了解。潛能上，這個認知是現成的，但在動力和實際的角度上，它卻不是現成的。雖然你是「那個」，但是要知道你是「那個」卻需要一些準備。

神是最廉價的一個商品，因為神之外別無他物，神是至大無外的。那麼為什麼神卻不是每個人都有的經驗性實相呢？這是一個基本問題，如果我是神，為什麼我不知道自己是神？為什麼這不是我的經驗？為什麼我必須經歷這一切？

只是聆聽真理並沒有任何用處，聽別人講真理並不會引起內心的迴響，只會製造概念罷了。由於這個情境，所以有些靈修就像路標一樣，靈修的作用（去看到自性）就好像說：「看天上那顆星星。」「哪一顆呀？」「在樹上，樹枝上面那一顆。」你靠著樹枝來指示樹枝背後那一顆星星，星星和樹枝毫無關係，有許多開悟的人，他們拋棄了樹枝，並且跟人說靈修是沒有用的，沒有必要的，他們錯過了一個非常重要的因素。

單純地闡明真理並沒有幫助，你必須由求道者的立場來看，由他所在的位置引導他前進。只是描述一個人要去的目的地並不夠，你還需要一張地圖和方向，知道在哪裡轉彎，在哪裡出口，否則你會一直在高速公路上前進，卻不知道在哪兒出口，這會讓你的旅程沒有終止地不斷前進，方向是重要的。

一個人要達到自性必須具備四大能力，我們稱之為「四個支柱」或「四個工具」。

第一個支柱是維味卡（viveka），維味卡的粗淺解釋是明辨力，不過它還不僅是明辨力而已，維味卡是明白並觀察萬物的無常。你認為是靜止的實體事物，其實既不靜止也不是實體，眾生萬物都在變化，存在是一個變化不已的實相，對此一現象有一份徹底的明白就是維味卡。

我們的肉身也在不斷地變化，身體裡面的每一個細胞也在不斷地變化，每一分鐘都有新的細胞產生，舊的細胞死亡，你每次呼吸就有許多新的能量進入身體，舊的能量離開身體。我們的身體是一群原子組成，這些原子一直在分解之中，身體隨著細胞的分解和成長而變化著。

我們的思想在改變，我們的情緒也在改變，你跟昨天的你不是同一個人，跟明天的你也不一樣，你不可能每天都維持同一程度的悲傷，你會看到情緒的起起伏伏，情緒不是變得高昂就是變得低落，或者造成變化。你也許認為自己不快樂，但是你在不同時間卻因為不同的理由而不快樂，你無法持續地為了同一個理由不快樂，不快樂的程度也不一樣，全世界和整個宇宙都是同樣的道理。

與這個變化不同的是一個不變的，對變與不變之間的明辨力就是維味卡，你不知道什麼是不變的，但是你知道什麼是變化的。

當你看到萬物變化的那一刻，你也在同時看到了觀照這個變化的觀照者是不變的。觀照者是不變的，否則你怎麼能認出一切都在變化呢?變化的參考點是不變的，我們因為有維味卡而可以認出變化，充分地了解這一點可以減少世人百分之九十九的悲慘。

第二個支柱是不動心（vairagya）。每一個悲慘的背後都有一個希望，處境悲慘的人以希望為燃料，例如，未來是否有對喜悅的更大欲求，如果我改變工作，或許我會更快樂，如果我去另一個城市，或許會更快樂，如果我換一個伴侶、改變關係，或許我會更快樂。你就是希望未來會有所不同，單身的人認為結婚以後會更快樂，結婚的人認為如果一個人或者有了孩子會更快樂，有孩子的人認為等孩子長大獨立以後，他們會更快樂。

預見未來某個時間的快樂，使一個人現在的生活過得悲慘，對未來世俗的或神性的愉悅懷有欲求就會讓一個人錯失當下。

無論你到哪裡尋找，總是一樣的故事，小孩子認為自己長大以後就會有更多力量、更有控制力、有更多自由，他的母親就不會一直盯著他，他就會像哥哥一樣擁有較多的自由，他以為人長大了就有喜悅。等長到念大學的時候，他說：「如果我找到工作，如果我有自己的事業，我就可以更獨立，我就會快樂。」

那些獨立生活的人想找一個適合的伴侶，找一個跟他們相配的「靈魂伴侶」，「如果我遇到我的靈魂伴侶，我就會快樂。」那些已經遇見靈魂伴侶的人，他們現在快樂嗎？當我們找到我們認為是「靈魂伴侶」的人，我們就會在意他們快不快樂，接著我們就會被一些小事、一些無意的事情傷害。如果我們的「靈魂伴侶」專心做事，不對我們微笑，我們那一刻的喜悅就毀了，你要他們解釋為什麼不對你微笑，一整齣肥皂劇就開始上演了。一個人想要孩子，另一個人不要孩子，該怎麼辦？妥協嗎？不管怎麼樣，你們都得妥協，兩個人的欲求不能同時都獲得滿足。

商場裡的人說：「等我當了公司的經理以後，我就會快樂。」經理想：「噢，我應該當董事長，我就會快樂。」董事長想：「我公司的規模應該擴大到全世界，我就會快樂。」好吧，他擁有世界性的連鎖企業，他現在得到了什麼？高血壓、頭痛、腎衰竭、肝病、旅行病、失眠和一大堆的病痛。接下來，他認為公司的規模太大，他無法管理，他開始羨慕公司裡的員工，因為員工只要上班、領薪水，然後快快樂樂地回家睡覺。

這個世界上還有一些人準備一輩子都要受苦的，他們認為如果在世間受苦的話，死後進天堂就會過舒服的日子。有些人則抱著及時行樂的態度，不斷地追尋更多享樂，每一種享樂只會讓你停留在原地，不會把你帶到任何地方，享樂只會讓你疲憊。

如果有一個美麗的事物，你能夠一直看多久？你的眼皮終究要闔起來，你不得不休息。一瓶美麗的香水，你能夠享受多久？你能夠一直把鼻子放在香水瓶裡嗎？那些在香水工廠和商店工作的人會厭惡香水。如果你喜歡吃甜甜圈，你能在胃裡塞幾個下去呢？你能夠享用多少冰淇淋？你能吞下幾勺呢？你能夠享用多少巧克力？

你知道有多少食物通過你的胃嗎？計算看看，如果一天消耗兩磅，一年下來就要七百磅！五十年的生命總共要吞下好幾噸的食物。

音樂？你能聽多少音樂？觸摸和被觸摸，你能享受多久？總有一天，觸摸和被觸摸會耗盡你的體力，讓你疲憊不堪。這對所有的感官都是事實，世界上充滿了五欲之樂，充滿了五官欲樂的客體。

五欲之樂不會把你帶到哪裡去，不會把你提升到更高層的至福裡。本著「又怎麼樣！管它的，算了。」的態度就可以移除你內在的狂熱，把你帶向不動心的支柱。

不動心不是無動於衷，我們經常以為不動心就是不熱情、沮喪，對任何事情都沒有興趣。這不是不熱情！不動心是缺乏狂熱，即使追求來生功德的欲望和狂熱也不是不動心。對現世、來世、可見、不可見、外在世界、內在世界的享樂抱持著不動心的態度就是認知的第二個支柱，不動心讓你穩定堅固地走在你的道路上。

第三個支柱包括六種財富：夏瑪（shama）、達瑪（dama）、烏帕拉帝（uparati）、提提克夏（titiksha）、夏達（shraddha）和沙瑪達納（samadhana）。

第一種財富夏瑪就是心靈的寧靜，當心靈想要做太多事情的時候，它就會完全散亂。當夏瑪已經安住的時候，你就能夠專注，你的心靈就更警覺。當不動心穩定地安住時，夏瑪就會自動地發生，心靈就有了寧靜。

第二種財富達瑪就是主導感官的能力，許多時候，我們不想主導自己，只是隨意而為，許多時候我們不看事物，我們把眼光移開，例如你搭著飛機旅行，飛機上正在播放一部電影，你認為這部電影很糟，你想睡覺；沒多久，你又睜開眼睛開始看了，你也許已經做了三次不想看的決定，可是你還是繼續看。同樣的情形也發生在吃東西的時候，有人送來一些美味的食物，食物很香，你禁不住吃了一口，接著你就一口又一口地吃了起來，沒多久你驚訝地發現肚子已經被你塞脹了。

有了達瑪，你就對五官有了主導權，五官不再拖著你走，你也不再受五官的役使，你會對五官說「是」或「不是」。沒有達瑪的時候，你不是那個對五官說「是」或「不是」的人，說「是」或「不是」的是五官。

第三種財富提提克夏是堅持或堅毅的意思。當你遭遇困難的時候，堅持會讓你毫不動搖地繼續下去。生命中愉快和不愉快的事情都會發生，又怎麼樣！沒有一件事會永遠留下來；健康會來，疾病也會來，心情來來去去，生意有失有得，生命中的人來來去去，敵人來來去去，提提克夏就是不被生命中發生的事情動搖。

有些小孩會為了一點小事連哭好幾個小時，因為媽咪不給他巧克力或別的東西，有的小孩哭幾分鐘就停止，接著心情馬上變了。我們在大人身上也看到同樣的情形，像關係破裂之類的事情發生之後，他們往往會難過很長的時間，也許六個月，也許一年；心靈不斷地咀嚼，不肯放下，不肯前進。有了提提克夏之後，你就能對所有的事物產生一份堅毅。

最常見的是那些不愉快的事情往往到後來變成愉快的事，這些就是生命中會發生的變化。你認為非常壞的事情，事後卻變成非常好的一件事，它讓你變得強壯，了解這個道理可以幫助你不執著於過往，也不會以好壞來批判發生的事情，不被事件和批判拖著走的能力就是提提克夏。

參加比賽、觀賞比賽或一個運動節目的時候，輸贏是其中的一部分，當比賽可能會輸的時候，這場比賽就會更迷人，比賽有點難度的時候，往往會更有價值。如果你已經知道誰會贏或誰會輸，比賽就失去了它的魅力。你也可以把人生當做一場比賽，生命中出現的小問題就是整場比賽中的一部分，你要留意，讓那個問題或挑戰完全動搖不了你才好。

回顧你一生經歷過的所有困境，你至今依然完整無缺，那些困難無法擊倒你，你比那些困難更有力量，也更有意義。有了這一份明白，知道無論生命裡發生任何事件，愉快的、不愉快的、享樂的、不享樂的，對你都起不了作用，有了這一份明白，你的內在就會升起堅毅的第三種財富。

第四種財富是烏帕拉帝，意思就是在你的本性中歡慶，與你的本性同在，你們經常不與自己的本性同在，你會做某一件事是因為別人說或做那件事，人們做事經常是為了獲得別人的讚許。人們買豪宅或車子是為了向朋友炫耀自己擁有些什麼，以這種態度做事就是不和自己的本性同在。活在當下，成為你本來就是的喜悅，在你做的任何事情中有歡慶的能力，這就是烏帕拉帝。

把一切放下，在烏帕拉帝之中嬉戲，認真地對待每一件事就是烏帕拉帝。嬉戲和認真是兩種完全相反的價值，但是兩者兼容並蓄，並且活出它們就是烏帕拉帝。

第五種財富夏達就是信心的意思，當你發現自己知道的極限時，你就需要信心，你只知道這麼多，超過了這個限制你就一無所知。想知道未知的那份意願就是夏達，就是信心。

如果你給心靈設限，你說：「就這樣，我知道了，超過這個限制就沒有了。」這就是盲信，就是我執——我無所不知。當你知道整個造化是不可知的，它存在，卻又超越你所知的範圍，這就是信心。承認那不可知的就是信心，對自己有信心、對師父有信心、對神性有信心、對無限秩序有信心、對無限的愛有信心，這就是夏達。

我們看待信心只有一個簡單的方法，懷疑卻可分為三種，第一種是懷疑自我，第二種是懷疑他人，第三種是懷疑整體。百分之九十九的人懷疑整體，因為他們不相信有一個整體在運作。你們經常高談闊論神，可是當你深入內心檢視的時候，你會發現那個信心是動搖的，你不相信有一個無限的、有組織、有智能的力量在掌控一切，你的信心不在。在你顯得有信心的時候，你的信心只是一個外在的裝飾，是你佩帶在身上的一枚勳章。

接著是對別人的懷疑，有人對你說「我愛你」的時候，你懷疑他的話：「你真的……」你問對方：「你真的愛我嗎？」如果有人生你的氣，你從來都不問：「你真的生我的氣嗎？」注意看看，你總是懷疑別人的正面態度，你不相信你能夠信任任何人，而你卻在這個人和那個人身上尋找信任。你無法找到，這是最常見、也最讓你痛苦的事情，因為信任別人與信任自己是有關聯的。

懷疑自我是第三個分類，你從不懷疑自己的忿怒、沮喪、悲傷、憂愁、悲慘，但你卻懷疑自己具有的所有正面品質；你懷疑自己的能力，卻不懷疑自己的能力不足。你應該反過來，懷疑自己的侷限，懷疑自己的能力不足才對！沒有人知道你到下一刻會變成什麼，沒有人知道你內在高貴、美麗的特質幾時會綻放，或許你會綻放成另一個佛陀也說不定。

當你懷疑自己的能力不足時，你對自己有能力的信心就開始成長了。你開始懷疑別人的負面傾向，而把那些負面傾向歸因於他們的壓力，而不是他們的人本身。你對每一個人的信心開始成長，你對神性、對宇宙整體存在的信心也會開始成長。整體存在是合一的，究竟來說，只有一個心靈、一個智能、一個存在。

師父以他實際的存在向你展示，告訴你，只有一，我是你，你是我。當師父這麼說的時候，你要以師父如實的樣子看他，不要透過你窒礙的視覺或懷疑的眼光看他，這就是夏達——信心。師父不需要從你身上取得任何東西，如果你用懷疑的眼光看師父，你會質疑師父的做法，然後你就會卡住自己，讓自己縮回渺小的心靈裡，無法看見神、大無限和整體存在了。你會錯失整個喜悅，無論你知情或不知情，你都會錯失你一直渴求的整個精髓。

師父為了你好，指示你做一些靈修，你開始感覺一些結果、影響，你會想繼續練習。如果沒有信心的話，你根本不會練習。

沒有信心就好像有人說「先讓我學會游泳以後，我才要下水。」一樣，你必須下水才能學會游泳！過多的準備、過度的小心謹慎，就會讓你錯失生命中的整個喜悅。只有當你對老師有信心的時候才能讓你下水學會游泳。夏達——信心是必要的。

世界上的任何事情都不可能在沒有信心這個元素的情況下發生，你對銀行有信心，所以才把錢存在銀行裡，你對國家的法律和秩序有信心，才會放心地把車停在外面，你相信你回來的時候車子還在原地；你相信航空公司的作業，所以你會安心地搭飛機，電話公司相信你，所以他們把電話線牽到你家裡，他們確信可以跟你收到電話費。

整個世界都靠著信心運轉，例如，任何一個作業系統，無論是信用卡、航空公司、租房子、貸款或者醫療系統，雖然不會萬無一失，但是這些系統會依照預設功能運作的機率必然很高。醫生對他開立的藥方有信心就會產生欲求的效果，達到效果的機率至少百分之九十，如果機率高達百分之百的話，就不需要信心了。如果機率低於百分之百，就表示它的結果不是根據知識，而是根據信心。信心是你存在的美麗綻放，信心是六種財富之一。

第六種財富是沙瑪達納，沙瑪達納是自在、滿足的意思。當你自在的時候，你有什麼感覺？你還記得嗎？當你完全地自在、寧靜、平靜的時候，你有什麼感覺？跟你自己自在、跟你的環境自在、跟你身邊的人自在、跟萬物自在、跟整體的存在自在，這就是沙瑪達納，沙瑪達納本身就是一項龐大的財富。

以上六種財富組成了認知的第三個支柱。慕慕克夏特瓦（mumukshatva）是認知的第四個支柱，慕慕克夏特瓦是欲求至高無上、完全的自由自在或開悟，無論你怎麼稱呼它。開始的時候，你只會欲求那些可以得到的東西，你認為不可能得到的東西，你根本不會有欲求。當你認為開悟不可能發生在你身上的時候，這表示所有開悟的美好品質都不會來到你身上。當你認為最高狀態的存在對你是不可能的時候，你就會逐漸地刪除一個接著一個的可能，直到你喪失你的自尊自重為止，到最後，你會認為自己什麼事都不能做。

當你的內在對至高的追求、對神性、對大無限、對更大的生命有一股深沉的、熾熱的欲望時，慕慕克夏特瓦就存在了。渴望做一個信徒、一個僕人、一個被鍾愛的人，渴望成為整體的一部分。如果你沒有一股渴望的話，你內在這些潛力是不可能被發現或者喚醒的，除非一個人有心想學靜心，你不可能強迫他學。

學習的欲望應該來自內在，不要認為你必須努力才能獲得這些財富，你要認為你已經擁有了，你已經某個程度地擁有了這六種財富，只要你稍微付出一些關注，它們就會在你內在變得茁壯紮實，認知的支柱已經在你裡面了，你只需要讓它們建立得更紮實、更高大就好了。

生活的藝術課程簡介

「生活的藝術基金會」世界最大的志工組織之一，為聯合國非政府組織的成員，參與聯合國各種與身心健康和解決衝突有關的活動。除了上述各項課程外，亦提供人道救援計畫及慈善服務方案，對象包括青年、學生、企業、政府、監獄、HIV或AIDS患者、憂鬱症患者、經濟與社會弱勢者、鄉村婦女及農民等。「生活的藝術基金會」所提供的服務計劃與個人發展和減壓課程，遍及世界一百五十多個國家，因計劃和課程而受惠者超過三千多萬人。

國際人類價值協會（IAHV）於一九九七年成立於瑞士日內瓦。本協會的宗旨在於以全球的層面，培養人們深入了解促進人類團結的根本價值。IAHV在聯合國中以非政府組織的身份擔任顧問機構。IAHV的課程包括創傷與災難救援、青年課程（含青年領袖訓練課程）、退伍軍人課程、政府與企業課程、個人成長與社會發展課程。此外，IAHV舉辦的5H計劃也透過健康、家庭、衛生、人類價值和多元族群和諧等方式，協助個人和社區的經濟與社會自立。

快樂課程

內容包含淨化呼吸、瑜珈、靜心和生命真相與智慧。自然不費力的淨化呼吸法，能釋放深層憂慮壓力，回到純淨的內在。人們在課程中能體驗到不可思議的放鬆與祥和、活出喜樂的智慧，展開生命新視野。

淨化呼吸是所有「生活的藝術」課程的核心元素，是一種靜心式的呼吸練習。這個技巧可以統合身體、心靈、情緒和本我的韻律。淨化呼吸法和相關練習的科學研究顯示，這些技巧對促進健康、生命能量、腦功能、免疫系統、減壓和抗憂鬱等，皆可產生顯著的效果。

靜默課程

透過深度的靜心和靜默的覺察力，可以深入內在，讓身心靈獲得充份休息，喚醒生命熱忱與能量。本課程又名「生活的藝術高級課程」，參加本課程需先修習「生活的藝術」快樂課程或「YES＋」課程。

YES＋課程

適合十八至三十歲青年參加。把握青春好時光，發揮青年生命的最高潛能。課程內容除了淨化呼吸法、瑜珈和靜坐外，亦包含人際溝通與互動學習、領導統御、能力訓練、團隊工作秘訣，透過消除壓力和擺脫負面情緒的方法與知識，培養青年紮實的社交能力、領導能力、高度的覺察力和專注力，提升個人身心潛能開發，找到快樂健康的人生。

YES課程

適合十四至十七歲青少年參加。提供特別的呼吸技巧與方法，讓青少年消除煩悶，清除內在緊張壓力和負面情緒，提升活力熱忱，開展內在潛能。對自已充滿信心，創造更佳表現。

全方位卓越訓練課程（ART EXCEL）

適合八至十三歲兒童參加。開發孩子心智潛能，提升學習效率。改善學童身體健康、強化孩子領導特質、增進孩子與人相處能力。讓生命中每一件事情都變得輕鬆有趣。

直覺課程

適合五至十八歲的兒童和青少年參加。開發第六感並提升直覺力，開發敏銳的覺知、感知和表達能力。消除莫名的焦慮及恐懼，強化記憶力及專注力，提升課業和課外活動學習能力。增進創造力及潛能開發。

自然三摩地靜心法

簡單易學、功效不凡的靜心法。早晚二十分鐘的靜心，相當於好幾個小時的休息品質。規律的練習能消除負面情緒如憤怒、焦慮、恐懼與挫折感，讓思想敏銳清晰，提升專注力、創造力、理解力、決策力，大大提升工作效率。滋養內在靈性，開發未知潛能，保持心靈和平喜樂。

DSN課程

DSN（Don’t Say No! Do Something Now）課程是通過練習和知識，喚醒內在有如獅子般的力量，突破自我設限，變不可能為可能！無論我們是服務於社會的活動，還是從事自己的事業，往往因為自我預設的一些邊界、概念、面子等等問題，而產生焦慮、恐懼甚至退縮。課程中行動的技巧讓我們突破自我障礙和限制，使自己更茁壯，擁有更堅強的能力幫助別人，進而利益社會，創造社會和諧。

生活的藝術基金會資料

生活的藝術國際基金會總部印度靜心所

The Art Of Living International Center

21st KM, Kanakapura Road, Udayapura

Bangalore – 560082 Karnataka

Telephone: + 91-8067 2626 / 27 / 28

Fax: + 91-802-843-2832

Email: info@vvmvp.org

美國生活的藝術靜心所

The Art of Living Retreat Center

639 Whispering Hills Rd.

Boone, NC 28607

Telephone: (800)-392-6870

Email: intl.center@vvmus.org

加拿大生活的藝術靜心所

International Art of Living Center
13 Chemin de L'infinite
St. Mathieu du Parc, Quebec,
G0X 1N0, Canada
Phone: +1-819-532-3328
Email: artdevivre@artofliving.org

德國生活的藝術靜心所

International Art of Living Center
Bad Antogast 1
77728 Oppenau
Baden-Württemberg
Germany
Telephone: +49 (0) 7804/ 973 90
Email: info@artofliving.de

台灣生活的藝術各地區中心連絡資訊
(台灣各地目前已有超過30個團練)

台北南京中心
地址：台北市10489 中山區南京東路2段178號14樓

電話：02-2503-2103

台北中山中心
台北市中山北路三段30號1樓之1

電話：02-2595-2449

新北市博愛中心
地址：新北市新店博愛街6巷14號2樓

電話：02-2910-1390

台中柳川中心
地址：台中市中區柳川西路三段23號7樓

電話：04-2220-6112

新竹光明中心

地址：新竹市大學路1007巷12號5樓

電話：03-572-3391

宜蘭梅花中心

地址：宜蘭縣梅花路859號

電話：0963-032-998

以上資訊皆可至下列網站查詢：

www.artofliving.org

www.srisriravishankar.org

www.iahv.org

www.sh.org

www.srisri.org。

www.5h.org.

詩麗・詩麗・若威香卡 獎項與榮譽

普世崇敬的智慧

詩麗・詩麗・若威香卡 透過喚醒人性價值，營造免於壓力、免於暴力的社會願景，贏得了舉世的認同與讚賞；在解決衝突、促進和平與人性價值領域的貢獻，獲得了舉世的尊敬。古儒德夫獲得的獎項與祝福，肯定了他推動的世界一家的理念。

來自不同背景的社群與信仰，都加入他的使命——營造一個免於壓力與免於暴力的社會。二〇〇九年十月，詩麗・詩麗接受平衡文化獎時表示：「我與所有努力營造免於暴力與免於壓力社會的人，一起分享這個獎。這個獎項不是頒給一個人的，而是頒給代表世界一家與多元文化的原則。」

全世界的許多國家都尊崇詩麗．詩麗．若威香卡。其中包括：

各國政府頒贈的榮譽

- 印度：二〇一八年三月，印度年度公民最高榮譽的蓮花賜勳章；
- 秘魯：二〇一五年一月三十日，利馬秘魯國會頒發的榮譽學位；
- 哥倫比亞：二〇一五年六月二十四日，哥倫比亞波哥大最高公民獎西蒙．波娃民主獎；
- 巴拉圭：二〇一二年九月十三日，巴拉圭最高公民獎國家社區貢獻勳章；
- 蒙古國：二〇〇六年，最高公民獎北極星勳章；
- 印度：一九八六年，印度總統頒發瑜伽無上寶頭銜；
- 加拿大：二〇〇六年，安大略布藍普頓市人道主義者獎；

• 俄國：二〇一一年七月一日，國家安全學院頒發世界人類獎。

美、德、秘魯、印度……等國，也頒發和平相關獎項。

榮譽學位與博士學位

詩麗・詩麗・若威・香卡 獲得全球十六所大學頒發的榮譽學位。

詩麗・詩麗・若威香卡日

美國與加拿大某些城市將詩麗・詩麗・若威・香卡造訪的日子，訂為「詩麗・詩麗・若威・香卡日」；有些國家則頒贈他「卓越訪客」的榮譽。二〇〇七年，美國華府宣佈他造訪的日子為「人性價值週」。有些美國與加拿大的城市也頒贈榮譽公民的頭銜給他。二〇〇六年，古儒德夫拜訪賈斯坦邦首府齋浦爾時，齋浦爾市長贈予象徵性的市鑰。

後記

陳靜香

《新世紀意識的覺醒》是開啟生命智慧的寶藏。

此書的誕生，首先要感謝《聯合報》記者、《世界日報》亞太地區代表郭義永先生，我於二〇〇七年九月認識他時，得知他到五家大醫院檢查診斷而確定罹患直腸癌，並要他把大腸、肛門切除，及接受化療、電療等療程，否則會很快擴散。當時我見他神情沮喪，恐慌無助，於是給予他一些正確觀念，並指導學習「淨化呼吸法」。短短二個月後他重獲健康，找回意識的治癒力（註），且活化細胞。他為了要感恩印度大師古儒吉的技術及智慧，透過自己的經驗作為最佳的見證者，來呼籲許多病患，了解生命可啟動能量及自癒力的本能。因此懇請《聯合報》報導有關全球許多文明病及憂鬱症、癌症病患，只要經過「淨化呼吸法」及瑜伽練習，身心靈達到統合，即可改善。這種方法在全球已有三億人受惠，找到新生、再生、重生的寶貴人生。這就是邀請聯經出版事業公司發行本書的來由。

在二〇〇五年時，成信文化事業股份有限公司劉成祥總裁，偶然間瀏覽了台北帝伊傳播有限公司正在製作編輯古儒吉大師全球最棒的經典「阿虛塔瓦卡梵歌」（Commentary on the Ashtavakra Gita，共三十三集，周家麒譯）內文時，被震撼住了，他立即詢問這部經典的來源及資料而找上我，特別到台中相見會談，並鼓勵我無論如何都要把這些浩瀚驚世的名著譯成中文版，傳達給各宗教家、政治家、教育家等各界領袖們，使人人對世界有所貢獻。

感恩周大觀文教基金會創辦人周進華及董事長郭盈蘭的支持與勉勵，曾於二〇〇六年四月二十二日在台北中正紀念堂邀請處長曾坤地、外交部副主委江國強、成大醫學院院長宋瑞珍、蓮花基金會董事長陳榮基、防癌長鏈創辦人梅襄陽醫師等各界貴賓，共同頒發二〇〇六年第九屆全球熱愛生命獎章給古儒吉大師，讚揚他曾帶領全球一百五十多個國家於二〇〇六年二月十七、十八、十九三天舉辦二十五週年慶，創下二百五十萬人參加「天下一家」大盛會，不愧是被尊為「瑜伽至高無上師」。

《新世紀意識的覺醒》正是開啟生命智慧寶藏的一把萬能鑰匙。我今生有幸能獲得古儒吉上師的啟蒙，是多大的恩典及福報啊！經由大師的教導，由小我轉成大我，再由大我轉成無我，讓愛轉動世界，成為世人的僕人。

願有緣的您，歡迎加入這歡唱的家園，一齊傳播「永恆的愛」貢獻給全世界的人。

陳靜香，學員都稱她為「呼吸大使」，曾榮獲二〇〇七年第十屆周大觀文教基金會全球熱愛生命獎章，為國際生活的藝術基金會資深老師、印度艾育吠陀健康促進協會推廣人。

註：

何謂意識的治癒力（Healing with Consciousness）

Ayurveda（艾育吠陀是門不生病的科學，讓人脫胎換骨的養生療法）是印度古老傳承，讓人可達到真正的身心靈整體健康的藝術。

治癒力是一種與生俱來的自覺、本能，非侵入性也無副作用，是一種心境，當你「深深接受」時，治癒力就開始發生了。治癒力不是回到原始的健康狀態，而是讓你接受當下，進入不作任何判斷的一種覺知。印度艾育吠陀的經文開宗明義，尊重自然，尊重生命，不辭勞苦，懸壺濟世的情操令人動容。

新世紀意識的覺醒（十週年紀念新版）

2019年5月二版　　定價：新臺幣350元
2019年7月二版五刷

著者　Sri Sri Ravi Shankar
譯者　周家麒
叢書編輯　張彤
封面設計　林芷伊
編輯主任　陳逸華

出版者　聯經出版事業股份有限公司
地址　新北市汐止區大同路一段369號1樓
編輯部地址　新北市汐止區大同路一段369號1樓
叢書編輯電話　(02)86925588轉5370
台北聯經書房　台北市新生南路三段94號
電話　(02)23620308
台中分公司　台中市北區崇德路一段198號
暨門市電話　(04)22312023
台中電子信箱　e-mail：linking2@ms42.hinet.net
郵政劃撥帳戶第0100559-3號
郵撥電話　(02)23620308
印刷者　世和印製企業有限公司
總經銷　聯合發行股份有限公司
發行所　新北市新店區寶橋路235巷6弄6號2樓
電話　(02)29178022

總編輯　胡金倫
總經理　陳芝宇
社長　羅國俊
發行人　林載爵

行政院新聞局出版事業登記證局版臺業字第0130號

本書如有缺頁，破損，倒裝請寄回台北聯經書房更換。　ISBN 978-957-08-5309-4 (平裝)
電子信箱：linking@udngroup.com

國家圖書館出版品預行編目資料

新世紀意識的覺醒（十週年紀念新版）/
Sri Sri Ravi Shankar著．周家麒譯．二版．新北市．聯經．
2019年5月（民108年）．296面．14.8×21公分
譯自：Wisdom for the new millennium
ISBN 978-957-08-5309-4（平裝）
[2019年7月二版五刷]

1.靈修 2.生活指導

192.1 108006010